너에게 안녕을 말할 때

이명희 지음

너에게

안녕을

말할 때

샘터

어떤 이력이 있어야

관계 전문가로 불릴 수 있는지는 모르겠지만,

사랑할 수 없을 것만 같던 너를

사랑하게 된 시간들이 내게 말해 주었다.

이 이야기를 기다리고 있는 사람이 있다고.

*

살면서 단 하나의 단어만 말할 수 있다면, 나는 안녕을 고르겠다.

안녕으로 사랑한다는 말도, 미안하다는 말도, 보고 싶다는 말도,

이해한다는 말도 모두 전할 수 있기 때문이다.

프롤로그

*
|

프롤로그

어떻게 지내요

　　　　　두 권의 책을 출간하는 동안 오랜 친구 두 명에게 손절당했다. 한 권에 한 명씩(잠깐만… 그럼 혹시 이번에도?).

　내가 아이 낳고 무너지는 전 과정을 목도한 이들이었다. 내가 어떤 속도로 빛을 잃어 갔으며 어떤 크기의 진폭으로 흔들렸는지를 본 이들. 힘들다 말하면 지금 갈게, 달려왔었다. 그런데 어떻게? 아니, 어떻게 니들이?

책의 마지막 교정 작업이 한창이던 그때, 갑자기 그 애와 연락이 되지 않았다.

우리는 언제 저 사람과 인연을 딱 끊겠다고 다짐하는가? 그건 답이 안 나올 때다. 여기서 뭘 어떻게 더 해 본들 뭐 하나 달라질 것 같지 않을 때. 그리고 달라진다고 해도 이미 늦었다는 판단이 들 때. 우리는 상대방을 끊어 낼 용기를 순식간에 낼 수 있게 된다.

손절을 감행하기로 결단했다면 그 일로 인해 무슨 일이 일어나도 상관없다는 마음일 거다. 결국 이렇게 여겨질 사람 때문에 여태 마음이 흔들렸다는 것이 믿기지 않아 화가 날 수도 있겠다. 이 일로 상대방이 어떻게 느끼든, 그가 자신에 대해 어떻게 말하고 다니든 갑자기 아무렴 상관없게 된다. 어떤 일이 일어나건, 상대방이 자신을 휘젓고 불쾌하게 한 것에 비하면 아무것도 아니기 때문이다.

그러니까 내가 그런 존재였던 거다. 내 오랜 친구 둘에게.

이로써 나는 관계라는 것이 얼마나 우스워질 수 있는지를 봤다. 너와 내가 어떤 관계인지 묘사했던 우리의 문학성이 일시적인 자아도취성 이름 붙이기에 불과했다는 생각도

했다. 이런 친구가 있으니 나는 얼마나 행복한 인간인가? 감격에 겨워 우리 관계를 규정하고 그것에 감사했던 시간들은 아무것도 보장해 주지 않았다.

두 사건으로 또 한 가지 중요한 사실을 깨달았는데 그건 내가 우리의 관계가 변하지 않을 거라 믿었다는 사실이다. 그렇게 믿을 만한 근거는 전혀 없었다. 사실 천륜이라는 평가를 받으며 꽤나 특별한 관계라 여겨지는 부모 자식 사이도 한쪽이 끊어 내겠다고 단단히 마음먹으면 끊어지지 않던가? 핏줄의 의미를 들먹이며 서로 다시 얼굴 보게 될 확률이 다른 관계보다 높아서 그렇지, 핏줄도 사실 이렇다 할 힘은 없다. 하물며 우정이었다. 왜 끊어질 수 없겠는가?

한편, 나는 그 애들에게 부러움이 일어 스스로도 좀 당황스러운 시간을 보냈다(아무래도 손절당한 애 입장에서는 전혀 예상치 못한 전개이긴 했다). 뭐랄까, 어떤 관계를 그렇게 싹둑 잘라 내면 그만이라고 믿고 행하는 그들의 신념과 추진력이 부러웠다고나 할까?

당시의 나는 매일매일 '끊어 내고 싶지만 도저히 끊어 낼 수 없는 관계'에 압도되어 허덕이고 있었으니까.

한때, 내 자유의지가 곧 나라고 생각했다.

하고 싶은 말을 할 줄 알게 되고, 하고 싶은 일을 하게 된 모든 순간 속에 나의 '자아'가 있다고. 어쩌면 그것은 일종의 성취였을지도 모르겠다. 할 줄 모르던 것을 할 수 있게 하고, 가지고 있지 않은 것을 지니거나, 모르던 것을 알 수 있게 쏟은 내 노력과 애정과 애씀이 모여 '진짜 나'를 구성한다고. 일상 속 고집스런 취향, 편하게 생각하는 행동양식이나 타인에게 말을 거는 방식과 내가 선호하고 호감을 갖는 사람과 사물과 장소와 꿈. 그 질문들의 대답이 곧 나의 정체성이자 자아의 실체라 여겼다.

대단한 착각이었다. 나를 구성하고 있는 건 오히려 자유의지 그 반대편에 있는 것들이었다. 아무리 간절해도 마음대로 끊어 낼 수 없었던 것들 속, 흔적도 남기지 않고 모두 파 버리고 싶지만 조금도 도려낼 수 없었던 것들 속에 내가 있었다.

원한 적 없었으나 갖고 태어난 신체적 경제적 문화적 이점과 결함들. 벗어나지 못해 버텨 낼 수밖에 없던 어떤 시간들. 내가 선택하지 않은 이들과의 만남과, 그들과의 인연으로 내게 무작정 흘러 들어온 어떤 시선 속에 내 고유한 독자성이 있을지 몰랐다.

 그러니 나 하나 끊어 냈다고 해서 그 친구들의 인생이 달라지지는 않았을 것이다. 나와 언제든 연결될 수 있다는 사실이 어떤 이유로 그렇게 싫었는지는 알 수 없으나(이유를 말 해주지 않고 사라졌다), 나와 얼마든지 끊어질 수 있다고 믿었던 거라면 애초에 나는 그 애들에게 그렇게 중요한 존재는 아니었을지도 모르겠다. 그리고 그 우정의 존재야말로 나의 착각이었을지도.

***

 내 아이가 나아지지 않고 영원히 아플 거라는 사실과 그 애의 엄마가 나라는 사실. 이 두 개의 수정될 수 없는 사건은 내가 맺고 있던 관계들을 골고루 모두 건드렸다. 가장 먼저 변한 건 '사건의 전날까지 내가 나라고 믿었던 나'와의 관계다.

 영원히 내 사유재산일 거라 믿었던 나의 시간과 공간, 정신과 육체 그 모든 것이 내 것이 아니게 됐다. 여기까지는 오케이, 그럴 수 있다고 치자. 세상에 널리고 널린 '인생이 안 풀려 자신을 갖다 바칠 수밖에 없는 상황에 놓인 안타까운 사연' 중 하나라고 치자. 사는 게 다 그렇지 뭐. 다 그렇게 자기를 놓아 버리면서, 자신을 죽이고 사는 방법을 터득하게 되면서 진짜 인생을 알아 가는 거야, 라고 나를 위로한다면 할 말이 없겠다. 하지만 나의 절망은 조금 달랐다.

 우리가 로또에 계속 당첨되지 않아 실망하거나 배우 지망생이 오디션에서 계속 떨어져 역시 나는 안 되는 건가, 하며 절망하는 케이스와는 결이 좀 다르다. 두 경우는 '그것을 그만둘' 자유가 본인에게 있다. 로또를 계속 하거나 이제 그만하는 자유, 오디션에 계속 도전할지 이제 다른 직업을 구할지의 선택권이 그 개인에게 있다. 하지만 나의 경우는 마침내 이룰지도 모를 결실(로또 당첨과 오디션 합격처럼)을 전혀 기대할 수 없는 상황이다. '아무리 노력해도 절대로 로또에 당첨되거나 오디션에 합격하는 일은 없어'라는 통지서를 이미 하늘로부터 받은 상태였던 거다. 그런데도 '그것을 그만둘' 자유가 내게 있다는 느낌이 전혀 들지 않았다는 점. 심지어 '그것을 잘 해내야만' 할 것 같았다는 점. 거기에 내 삶의 특이점이 있었다.

 인풋이 있으면 아웃풋이 있는 구조가 정상이라 여기던

삶은 종말을 맞았고 밑 빠진 독에 물 붓기의 완벽한 구현, 매일 돌을 밀어 올려야 하는 시시포스의 출현이었다. 그리고 밑이 빠진 줄 훤히 알면서도 밑 빠진 독에 물을 최대한 잘 붓기 위해 최선을 다하는 시간이 이전에는 전혀 알지 못했던 나를 새롭게 만나게 했다.

그렇게 만난 나는, 되게 웃기는 애였다. 어떤 이유에선지 어디 내놔도 됨됨이 부문에서 남들에게 크게 뒤지는 일 없다고 생각하며 살았는데 웬걸, 알고 보니 형편없기가 이루 말할 수 없다. 나는 사람을(나와 타인을 모두 포함) 끔찍이 미워하고 원망하며 부들부들 떠는 게 너무나도 능숙한 인간이었다. 사람을 끝 간 데 없이 증오할 수 있었으며 이 모든 일이 '다 내 탓은 절대 아니'라는 것을 스스로에게 설명하거나 증명하기 위해 온갖 남 탓을 할 수 있는 애였다. 다 너 때문이잖아! 나는 나의 창의성에 거의 감동할 지경이었다.

무언가(나와 타인을 포함한 사람, 사물, 운명 등을 가리지 않고)에 대한 혐오와 애착 혹은 집착이 쉬지 않고 교차하며 내 세계를 흔들었다. 어쩌면 그때 가장 힘들었던 건 그토록 비겁하고 볼품없는 나를 계속 바라봐야만 했던 것일 게다.

나를 곤란하게 만든 그 아이를 끊어 내지 못한 시간들이, 도망치고 싶지만 도망칠 수 없어서 어떻게든 꼼짝 않고 서 있었던 그 시간들이 지금의 나를 만들었다. 무수히 반복했던 무언가에 대한 혐오와 사랑을 반복하면서, 어딘가에 다가갔다가 또 멀어지길 수없이 반복하면서 나는 나의 불완전함을 이해했다. 인간의 불안을 인정했다.

한없이 작아진 내 눈에 비친 사람들의 모습은 놀라웠다. 각자 자기 자신으로 살아가기 위해 매일매일 부서지는 모습은 마치 바다에서 본 파도 같았다. 그토록 속절없이 어떤 힘에 의해 높이 떠올랐다가 한순간에 부서지며 사라지고도 그들은 말없이 되돌아갔다가 때가 되면 다시 높이 솟아올랐다. 모두가 자기만의 산꼭대기로 매일매일 돌을 밀어 올리고 있다는 걸 그렇게 알게 됐다. 유일하지도, 특별하지도, 대단하지도 않은 나를 다시 일으켜 세우기로 한 곳이 바로 그 바다다.

***

이전의 나였다면 절대로 사랑할 수 없을 것 같은 그 아이를 진지하게 마주하기까지의 시간이, 내 사랑에 어떤 식의 작은 보상도 없을 때면 상대에게 배신감을 느끼거나 허무하다 느꼈던 내가 언제나 기대와 예상 밖에 살고 있는 그 아이를 그저 끌어안을 수 있게 되기까지의 시간이, 나로 하여금 관계에 관한 글을 쓰고 싶게 만들었을 것이다. 어쩌면 사랑에 대해. 아니 어쩌면, 용서에 대해.

미국의 정신과 의사 해밀턴은 '온전한 대상관계'를 알아가는 자아의 발전 과정에 관해 말하며 양가감정의 기능을 언급했다. 그는 상호 모순적인 두 감정이 동시에 존재한다는 사실에 혼란스러운 시간의 쓸모에 대해 이야기했다. 자신의 좋은 점과 그렇지 않은 점 모두를 있는 그대로 바라보면서도 균형을 잃지 않을 때, 우리는 마침내 우리 자신을 마주할 수 있다고. 나를 실망시키고 해를 끼치는 대상의 이미지와 그 대상을 소중히 여기고 사랑하는 내 마음을 동시에 마음속에 지닐 수 있을 때, 용서가 가능하다고.

흔히 용서란 내가 상대방에게 '해주는' 적선 행위 비슷하게 생각하기 쉽다. 내가 너보다 더 낫고 더 배웠으며 더 가진 사람이니 내가 먼저 네게 베풀겠노라, 식의 결심과 다를 바 없는 거다. 그렇게 어떤 이는 용서의 감정을 상대에 대한 제 우월감을 확인할 근거로 사용한다. 인간이 되려면 까마득한 너에게, 성숙한 인간이란 이럴 때 어떻게 행동하는지 내 몸소 보여 주겠노라!

하지만 용서는 그 사람이 되어 주는 일이다. 인간이 가질 수 있는 수용 감정의 끝이다.

동시에 용서란 결심이 아닌 이해의 영역에 속하는 일이기도 하다. 용서할 수 있다는 건 인간의 불완전함과 불안을 이해한다는 말이기 때문이다. 우리는 서로에게 각자 너무 이상한 존재일 수 있음을, 우리는 얼마든지 서로에게 죽어도 이해 못 할 존재가 될 수 있음을 이해할 때, 용서가 가능하다. 마치 하늘에서 비가 내리다가 갑자기 눈이 오는 것을 보면서 고개를 끄덕이며 하늘의 일을 완전히 받아들이듯, 그럴 수 있다는 마음이 되어 주는 일.

우리가 얼마나 완벽하지 않고 자주 불안할 수 있는 존재인지에 대한 이해와, 우리는 언제든지 순식간에 뜻 모를 두려움에 사로잡힐 수 있는 존재라는 것에 대한 인정, 내가 그렇듯 너도 그럴 뿐이라는 시선을 상대방에게 내어 주는 너그러움이 모여 용서가 된다. 그때의 너라면… 맞아, 그럴 수도 있는 거지. 그때의 내가, 그럴 수밖에 없었듯이.

그랬던 나와, 그랬던 너에게 건네는 안부.

이제는 사라지고 없는 내 모든 시절인연에게 보내는 안녕.

나는 그 인사야말로 인간이 인간이기에 할 수 있는 일들 중 가장 친절하고 다정한 일인 것만 같다.

차례

프롤로그

: 어떻게 지내요 8

★
관계의 지속 여부를 결정하는 건
상대방일까, 나일까?

똥인지 된장인지 꼭 찍어 먹어 봐야 아는 사람 27

우리는 다 다른 어른이 된다 37

인생이 뭐 하나는 감당해야 하는 밸런스 게임인 줄도 모르고 46

어차피 사람은 보고 싶은 대로 본다 54

감사하다는 말, 그거 순전히 뻥이야! 61

평가 중독 65

하라고 하면 하기 싫고, 하지 말라면 하고 싶은 74

그 사람은 존재하지 않는다 81

아니요, 열등감이 아니라 우월감이요 91

★
나를 조금도 신경 쓰지 않는 상대를 사랑할 수 있는가?

'사랑한다'의 반대말은 '사랑하지 않는다'가 아니라 '사랑했었다'   101

두려우니까 맞서는 거다, 두렵지 않다면 그냥 서면 되니까   107

관계를 통제하려는 마음   113

내가 좋아해 놓고 시치미 뗀다   120

MBTI를 묻는 건, 너를 이해할 기회를 달라는 말   127

순서를 뒤집을 수는 없기에   134

점선과 실선   143

그렇게까지 솔직할 수는 없어서   151

산타클로스의 답장   158

★

시절인연,
그것은 슬픈 말일까, 아름다운 말일까?

인간이 인간이기에 인간에게 할 수 있는 일   167

자존감의 비밀   174

형식의 위대함   179

이해할 수 없는 일을 이해하는 일   186

그럼에도 닿고 싶은 세계가 있다   192

꼭대기 층에도 층간소음이 있다   201

그 사람이 하는 말 속에, 그 사람의 두려움이 있다   208

극과 극은 정말로 이어져 있을까?   216

보이는 것 그 너머에   223

에필로그

: 너를 사랑하게 되는 동안 수없이 던졌던 관계에 관한 질문들   230

관계의 지속 여부를

결정하는 건

상대방일까, 나일까?

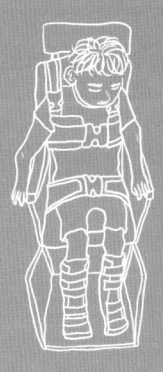

*

20년 넘게 계속 얼굴 보며 지내고 있는 사이를 떠올려 보니, 우리가 여전히 마주 볼 수 있는 건 서로가 서로에게 언제나 완벽했기 때문이 아니라, 시간이 필요한 이에게 기다림을 내어 줄 수 있는 사이였기 때문인 것 같다.

똥인지 된장인지 꼭 찍어 먹어 봐야 아는 사람

*

똥인지 된장인지
꼭 찍어 먹어 봐야 아는 사람

        소위 대인관계 전문가라 불리는 이들의 강의를 언제 어디서나 입맛대로 끊어서, 원하는 만큼만 들을 수 있는 시대다. 자신을 함부로 대하는 사람을 진심으로 대하다가 혼자 상처받지 말라. 너보다 더 우선시할 존재는 세상에 없다. 모든 이와 잘 지낼 필요 없다. 자신과 가장 친한 친구가 되라. 미움 받을 용기를 가져라.

  지혜로움과 똑똑함의 패키지. 자신에게 해로운 사람일지

모를 상대를 구분하기 위해 유심히 살펴볼 사항이나 나르시시스트 구분법. 가스라이팅 시전할 가능성이 높은 이들을 미리미리 골라내기 위해 익혀 두면 도움이 될 그들의 말버릇. 좀 이상한 사람이다 싶을 때의 발 빠른 대처법(대표적으로는 즉시 거리두기 혹은 손절)과 저들에게는 나를 망칠 권한이 없다는 주문을 외기까지.

보고 있으면 진작 저런 걸 능수능란하게 할 줄 아는 사람이었으면 얼마나 좋았겠나 싶다. 그러니까 똥인지 된장인지 찍어 보지 않고도 상대의 정체를 알아챘더라면. 그렇게 쓸데없이 타인에게 휘둘릴 일 없이 주체적으로 나답게 살 수 있었다면 얼마나 좋았어. 아쉬움이 몰려올지도 모르겠다.

그런데 이제는 그런 동영상을 뒤지고 있을 필요도 없게 됐다. 대인관계에서 조금이라도 어려움이 있을 때는 곧장 AI에게 물어보면 되기 때문이다. 질문만 잘 한다면 대처 방법이 순식간에 쏟아져 나올 거다. 심지어 AI가 내놓는 대안은 하나가 아니다. 경우에 따라, 주체가 감당할 수 있는 정도에 따라 열 가지 정도는 곧장 알려 줄 거다. 이렇게 든든한 수행 비서가 없다. 이제 그중 하나를 골라 현실에 적용해 보자. 레디, 액션!

***

  그런데 그렇게 하면, 정말로 대인관계에서 더 이상의 아쉬운 점도, 손해 볼 일도 없을까? 우리 모두에게 대단히 똑똑한 수행 비서가 한 명씩 붙게 된 지금, 과연 상대방에게 할 말 못 하고 질질 끌려 다니는 사람은 인류에서 완전히 사라지게 될까.

  인간은 복잡한 존재다. 그렇게 호락호락하게 '언제나 이성적이고 합리적이며 나를 최우선으로 지키는 나'로 곧장 변신할 순 없을 것이다. 그리고 거기에도 어떤 이유가 있었으리라는 게 나의 생각이다. 그때 내가 똑똑하지 못하게 말하고 행동하고 선택한 것에도 나름의 이유가 있지 않을까?

  어떤 이유로 그걸 최종 선택했는지 다 기억할 순 없겠지만 어쨌든 당시의 나에게 어떻게든 지키고 싶은 뭔가가 있었거나, 너무 두려워 피하고 싶은 뭔가가 있지 않았을까. 그때의 나로 돌아가 스스로에게 질문해보는 것이 먼저가 아닐까 싶은 것이다. 그 질문을 진지하게 마주하지 않는다면 아무리 그럴듯하고 효과적인 대인관계 대처법을 5초 안에 손에 쥘 수 있다 해도 결국 흉내 내기에 지나지 않을 것이다.

학창 시절 한 친구와 가까워지고 싶었는데 아주 오랜 시간이 지나고 돌이켜 보니 그 친구가 가진 배경이 좋아서 그 애에게 호감을 가지기 시작했다는 걸 깨달은 일이 있다. 그 애와 꽤나 가까운 사이가 되면 마치 그 배경 중 일부가 내게 넘어오기라도 할 것처럼. 그 애가 가진 것들을 애초에 나눠 가질 수 있기라도 하듯. 나는 놀랍게도 '그 정도 이유로' 누군가에게 다가가는 것이 가능한 사람이었다!

　그걸 깨달은 건 놀랍게도 그 애와 이미 10년을 알고 지낸 뒤였는데 더 놀라운 건 그걸 스스로 인정하는 데 다시 10년이 더 걸렸다는 사실이다.

　그때의 나에게 다가가 조용히 말을 걸며 물었더니 그 애가 대답했다. 부러워서 그랬다고. 그 친구가 가진 걸 나도 갖고 싶어서 그랬다고. 그 대답을 듣고 나니 이해가 되어 고개를 주억거리게 됐다. 응 그랬구나. 너도 수고가 많았겠네.

　먹는 순간 상한 음식인 줄 알아챘으면서도 기어이 목구멍으로 꾸역꾸역 넘기는 마음. 꿀꺽할 때의 처참한 심정. 그 마음의 말(변)도 들어 봐야 한다. 그리고 거기에 답할 수 있다면 '나의 생각을 똑 부러지게 말 못하고 바보같이 질질 끌려다니지 않는 법' 같은 건 따로 익히지 않아도 될 것이다. 그리고 지금에서야 드는 생각이지만 세상에 존재하는 거의 모든 관계는 사실 다 그렇게 시작되는 거 아닐까? 내 안의 어떤 아쉬움과 결핍이 누군가를 눈에 띄게 만들고 그에게 시선을 주고 그러다 관심도 주고 그러다 사랑도 주는 게 인간이지 않을까.

구멍이나 보상 심리에서 시작되는 관계를 '옳지 않은 가짜 관계'라고 말해야 하는지, 순수하고 진정성 있게 시작된 것만 '바람직한 진짜 관계'라고 인정해 줘야 하는 건지, 이제 잘 모르겠다.

똥인지 된장인지 그걸 꼭 먹어 봐야 아느냐며 누군가를 나무라는 사람의 논리에는 결함이 있다. 바로, 모든 인간이 '똥이면 안 먹어 보고 싶어 한다'가 전제된다는 점이다. 대충 들으면 당연하다 싶겠지만 어디 인간이 그렇기만 하던가? 지금까지의 모든 편견을 버리고 잘 생각해 봐야 하는 문제다. 돈이 없는데도 빚까지 져서 남에게 빌려줬다가 떼먹히고 그걸 갚느라 가정이 파탄 나고 가족에게 평생 원망을 듣고 버림받은 한 사람이 있다고 해 보자. 도대체 그의 선택을 어떻게 설명할 수 있을 것인가? 하지만 인간은 복잡한 존재이기에 그를 인터뷰한다면 자그마한 목소리로 이렇게 말할 것이다.

"그 사람이 너무 안됐더라고요… 도저히 모른 척할 수가 없었어요…."

그게 선택의 이유가 된 사람을 무슨 수로 말릴 수 있을 것인가? 주위에서 아무리 그 사람 분명 돈 안 갚고 결국 네 인생 망쳐놓을 거라 엄포를 놓아도 생판 남에게 돈을 빌려줄 사람은 (매우 안타깝게도) 빌려주고야 만다. 돌려받지 못할 가능성은 애써 무시하고 얼른 구원자가 되고 싶은 욕망은 쉽게 포기할 수 있는 종류의 것이 아닌 거다.

사회과학은 인간 행동에 대한 흥미로운 이야기들을 확률 운운하며 실컷 풀어낼 수는 있지만, 그것들을 '예외 없고 오차 없는' 과학적 진실이라 말할 수는 없다. 인간은 오직 경험으로만 배운다. 아니, 경험으로도 배울 수 있을까 말까다.

어떤 이들은 똥인 줄 알면서도 기어이 찍어 먹어 보고 '아, 역시 똥이었네' 해야 거길 지나칠 수 있겠지만, 어떤 이들은 진작 알아챘으면서도 오히려 '그게 똥이어서' 다가간다. 똥인지 된장인지를 구분할 수 있는 체크리스트를 완벽히 숙지하고 있음에도, 대인관계 전문가의 가르침에 의하면 저 사람은 '내게 해로운 존재일 가능성 99% 이상'임이 분명하지만 홀린 듯 다가가 말을 걸고 손을 내밀며 찍어 먹어 보는 사람들이 있는 거다.

무엇이 그들을 기어이 똥에게 다가가게 만들었는지는 알 수 없다. 그건 그 자신조차도 다 알 수 없는 일이다. 말했지만 인간은 복잡한 존재이기 때문이다. 자신 안의 어떤 마음이 상대의 무엇과 연결되어 '관계'가 맺어지길 바랐는지, 그걸 지키거나 더 긴밀히 연결하는 것이 왜 그토록 중요했는지는 당사자도 다 설명해 낼 수 없을 것이다.

***

그렇다면 우리가 배우고 익혀야 하는 건 똥인지 된장인지 구분하는 100가지 방법이 아닐 수도 있다. 자기 자신에게 진지하게 물어야 하는 질문은, 똥인 줄 알면서도 왜 피하지 않고 다가갔는지가 아닐까. 다칠 수 있다는 거 너도 알고 있었잖아. 분명히 뭔가 느꼈잖아. 그런데도 왜, 왜 그러고 싶었던 거야?

그리고 마침내 그 질문에 대답할 수 있게 되면, 전문가와 AI가 공통적으로 쏟아 내는 상대방에게 가스라이팅 당해 휘둘리지 않는 비법 같은 건 굳이 숙지할 필요가 없을 것이다.

가수 김광석의 〈너무 아픈 사랑은 사랑이 아니었음을〉이라는 노래 제목을 듣는 순간 가슴이 멎고 회상에 잠기는 이들은 아마도 너무 아픈 사랑을 경험해본 이들일 것이다. 해보지 않은 이들은 이때 오히려 너무 아픈 사랑을 꿈꿀 수도 있겠다(말했듯이 인간은 복잡한 존재이므로…).

그리고 어떤 이들은 너무 아픈 사랑만이 진짜 사랑이라 생각하고는 자신 곁에 있는 '자기를 너무 아프게 하지는 않는 연인'에게 이별을 통보해 버린다. 인간은 복잡한 존재이므로 얼마든지 그러고도 남을 것이다.

그런데 사랑이 어디 처음부터 그 끝을 말해 주면서 다가오던가? 너무 아픈 사랑일지, 적당히 아픈 사랑일지, 크게 아플 일 전혀 없는 잔잔하고도 진득한 사랑일지는 사귀어 봐야만 알 수 있다. 함께하는 시간이 쌓인 뒤에야 알 수 있는 일이다. 너무 아픈 사랑을 해봐야만 너무 아프진 않은 사랑의 소중함을 알 수 있고, 누군가에게 제대로 휘둘려 본 뒤에야 타인과의 적정 거리를 만들어 가는 방법을 스스로 터득하고 그 거리를 유지할 수 있는 거다. 그러니까 혼란과 혼돈, 시행착오와 어리숙함, 후회와 아쉬움은 어른이 되는 데 꼭 필요한 요소다.

물론, 인간은 복잡한 존재이므로 '알았다'고 해서 그다음부터 지혜롭고 똑똑하게만 살다가 죽는다고 말할 순 없겠다. 어떤 사람은 똥인 줄 뻔히 알면서도 또다시 손을 뻗고야 만다. 너무 아픈 사랑은 사랑이 아니었음을 깨닫고도 남을 정도로 아팠으면서 너무 아플 게 뻔한 사랑만 골라가며 시작하듯.

그러고 보면 똥과 사랑이 크게 다르지 않은 것일지도 모르겠다.

*

그 사람을 당장 끊어 내세요! 그런데 그렇게 끊어진 사람들은 지금 모두 어디에 있을까? 어디로 가기는…. 그냥 있을 만한 곳에 대충 있겠지. 절친에게 손절당한 내가 지금 여기에서 이 글을 쓰고 있듯이.

우리는 다 다른 어른이 된다

*

우리는 다
다른 어른이 된다

        대학 친구 모임이 하나 있다. 모임의 이름은 '미명지담'으로, 내게 현재 남아 있는 유일한 3인 이상의 모임이다. 미나, 명희, 지나, 다미(별명이 '담')의 앞 글자를 따 미명지담이 됐다. 이걸 만들어 준 사람은 같은 대학을 다녔던 나의 친오빠로, 갑자기 우리의 이름을 하나씩 거론하며 "미나 다미 지나 명희 지나 명희 미나 지나 다미 담… 미… 지… 다… 담…" 뭐 이런 식으로 우리의 이름을 조합해 보더니 갑자기 미명지담! 외친 것이 그 시작이었다. 그는 작명의 의도로 '그러지 말고' 아름답고(아름다울 미) 밝(밝을 명)은 (갈 지) 이야기(화 담)만 하라는 의미에서 지었다고 밝힌 바 있다.

 그 미명지담 모임에서 얼마 전 '나를 불편하게 하는 사람을 대하는 방법'에 대한 얘기가 나왔다. 어느 날 직장 동료 한 명이 온몸으로 기분 나쁜 분위기를 풍기기 시작하더니 그게 며칠간 이어져 너무 난처했다는 지나의 말이 시작이었다. 말수가 눈에 띄게 줄고 침울해 보이는 것이 영 신경이 쓰이더라고. 혹시 나 때문인가 싶고 내가 뭐 잘못한 게 있나 싶어 괜히 눈치를 보게 되더라고.
 지나가 여기까지 말했을 때 미나 언니 하는 말. "그럴 때는 그냥 저 사람 집에 우환이 있나 보다 하고 넘겨." 듣고 보니 딱 맞는 말이다 싶기도 하고 오랜만에 친구들 만나 기본적으로 흥분한 상태였던 나는 "그래그래, 그거 백퍼 우환이야 우환!" 하며 신나게 맞장구 치고 있는데 옆에 있던 다미가 "무슨 일이 있냐고 한번 물어보지?" 하고 지나에게 묻는다. 듣고 보니 그것 또한 너무 맞는 말이다 싶어 "그래그래,

그럴 땐 직접 물어보는 게 방법일 수 있어" 하며 또 맞장구를 치고 있으니 지나가 하는 말이 자기는 그런 건 절대 못 물어보겠단다.

 이유를 묻진 않았지만 아마도 거기까지가 그 사람과의 적당한 거리라고 생각했기 때문이겠지. 그 이상 넘어가면 그 사람과의 관계에서 어떤 선을 넘는다고 느낀 게 아니었을까 싶다. 다행히 며칠 뒤 그가 원래대로 돌아와 곤란한 상황도 자연스레 종결됐다고. 그의 변화(다시 기분이 회복된 듯한 모습)가 지나의 마음에 영향을 미친 거다.

***

 수영장에서 우리 반 회원 한 분이 내 배영 자세를 지적했다.
 "자기는 배영 할 때 다리가 너무 가라앉아 있어. 배영은 일단 가슴이랑 허리를 띄워야 해. 그래야 엉덩이가 뜨고 그다음에 다리가 같이 뜨지. 힘을 좀 빼 봐, 힘을."
 어느덧 연수반 고인물이 된 나로서는 오랜만에 받아 보는 참견이었다. 이 반에서는 서로 잘못된 자세를 지적해 주는 일이 흔치 않다. 특별히 자세를 좀 봐 달라며 지적을 '부탁'하는 경우가 아니라면 먼저 나서서 상대의 자세를 봐 주거나 잘못된 점을 일러 주는 일은 거의 없다고 보면 된다. 다들 남에게 관심이 없어서라기보다는 지금 저 사람이 '저것'도 겨우 하고 있다는 걸 서로 너무 잘 알기 때문이다. 강사는 연수반에 알맞은 운동량을 채우기 위해 쉬지 않고 "준비, 고!"를 외치고 있었다.

그러니 지적을 들은 건 드문 일이자 고마운 일이었다.

"언니, 진짜 고마워요."

50대 중반쯤으로 보이는 그 회원(이하, 배영 언니)은 나보다 열 살쯤 많아 보이지만 나이는 굳이 묻지 않는다. 수영장은 이런 곳이다. 화장 지운 민낯을 서로에게 보여 주고, 손에 쥐면 한 줌 천 쪼가리에 불과한 수영복으로 가려지는 부분만 빼고 몸도 다 노출한 채 마주 보는(심지어 샤워실에서 전라 상태로 수다도 떨고) 사이지만 서로에 관해 오히려 더 깊게 들어가지 않는 것이 예의이자 매너이자 룰인 곳(물론 만나면 호구조사할 폼부터 잡는 사람 어딜 가나 있음 주의).

그런데 이튿날 수영장에 갔더니 배영 언니가 내게 하는 말이 이렇다.

"자기, 내가 어제 배영 자세 지적해서 혹시 기분 나빴어?"

나도 참 문제인 게, 애 전담 육아 및 간병인으로 살고 있어 상담사의 꿈을 못 이룬 아쉬움인지 자격지심인지 뭔지, 일상생활에서 사람의 심리에 대해 파악할 '건수'가 생기면 깊이 몰입하며 관찰하는 습성이 있는데 이 흥미로운 장면을 놓칠 수 있나. 혹시 언니는 누가 자기한테 수영 자세를 지적받으면 기분 나빠하는 사람인가 싶어 신이 나기 시작한다. 본인이 그렇게 생각하는 타입이라 나도 그럴 거라 짐작한 걸까 막 고민하다가 정신을 차리고 대답했다.

"아뇨? 저 언니한테 엄청 고마웠는데요?"

왜 기분 나빴을 거라 여겼냐 하니, 배영 언니가 대답했다.

"아니, 내가 괜히 뭐라고 한 거 같아서 말야. 기분 나쁘지 않았나 해서 물었어."

이럴 때는 그냥 한번 더 아니에요, 고마웠어요, 말하고 끝내면 될 것을 궁금증을 참지 못해 "언니는 누가 자세 지적해 주면 기분 나빠요?"라고 물었다. 그랬더니 그건 아니지만 자기가 싫어하는 사람이 지적하면 기분이 나쁘다고 말했다. 그러면서 우리 레인의 특정 회원을 언급하며 "나는 그 사람 싫어"라고 말해 버린다.

그런데 이튿날 수영장에 갔더니 배영 언니가 내게 또 다가와 이렇게 묻는 것 아닌가?

"자기, 내가 그저께 배영 자세 지적해서 기분 나빴지."

순간 그가 궁금해하는 건 지금 내 기분이 나빴는지 아닌지의 여부가 아닐 거라는 생각이 들기 시작했다. 그는 내가 자신을 싫어하는지 아닌지를, 좋아하는지 아닌지를 확인할 증거를 찾아 오늘도 '어제와 같은 질문'을 던진 걸 수도 있겠다고.

"아니요, 기분 전혀 나쁘지 않았고 오히려 고쳐야 할 점 알려줘서 고마웠어요"에서 멈추지 못하고 기어이 다음 말을 내뱉은 건 그래서였을 거다.

"언니, 같은 질문 왜 또 해요? 저 어제도 똑같이 대답했어요. 저는 어제도 오늘도 솔직하게 대답했어요. 지금 제가 거짓말하는 거 같아요? 언니 내일도 또 물어볼 거예요?"

이 이야기를 미명지담 모임에서 꺼냈을 때 나를 제외한 미지담 셋이 동시에 기함하며 소리쳤다.

"야!"

지나는 "나한테는 그렇게 말하지 마 명아… 나 그러면 너무 무서워…"라고 했고 다미는 옆에서 "레전드다, 레전드"라며 감탄했으며 미나 언니는 "야, 너는 왜 수영장에서 사람을 치료하려고 드냐!"며 일갈했다.

　이로써 분명해진 것은 내가 상담사로 일하기에는 현재 역량이 크게 부족하다는 사실이었다. 상담사란 무릇 내담자의 이야기에 감정적으로 빨려 들어가 공감하며 '네 일이 곧 내 일'이라는 식으로 나서서 해결해 주려 달려들면 안 되는 직업이니 나는 자격 미달이다.

　그날 내가 배영 언니에게서 어떤(자신을 들여다보며 성찰하길 즐기는 유형의 사람일지도 모른다는) 가능성을 본 건지, 아니면 그저 상대를 무안하게 만들고 싶은 내 못된 심보가 발동한 건지는 모르지만 하나는 꼭 말해 주고 싶었다.

　내가 언니를 좋아하고 말고는, 내가 언니를 싫어하고 말고는, 엄밀히 말하면 언니와는 상관없는 일이에요. 그저 남인 제가 언니의 기분을 흔들게 두지 마세요. 제가 언니를 어떻게 생각하는지에 절대 권위를 주지 마세요. 제 느낌과 생각 따위, 하나도 중요하지 않아요 언니.

　자신의 말과 행동, 판단이나 결정에 대해 누군가의 지지(좋아요)를 받고 싶은 건 인간의 본능이다. 우리는 애초에 스스로는 아무것도 할 수 없는 무력한 존재로 태어났고 그래서 자신을 바라보고 있을 누군가를 찾아 헤매는 건 유전자에 새겨진 명령일 게다. 다만 시간이 지나면서 누군가를 기다리는 심정으로 타인을 둘러보던 시선을 거두고 자기 자신이 스스로 그 한 사람이 되어 주겠다고 다짐할 수 있을 뿐이다.

  너의 이름을 나의 이름으로 부르지 않고도, 나의 이름을 너의 이름으로 부르지 않아도 공존하고 서로 마주 보고 웃을 수 있다는 것을 알아 가며 우리는 어른이 된다. 그렇게 서로에게 어떤 존재임을 분명히 확인받지 않아도 있는 그대로의 모습으로 함께일 수 있다. 그렇게 우리는 지난날의 어떤 나와 헤어지고 또 화해한다.

  내가 내가 된다는 것은 얼마나 아득한 일인가. 나를 믿어 주고 응원해 주는 나 자신을 만난다는 건, 얼마나 험난하고도 아픈 길 뒤에 오는 일인가.

  그러니 지금 당장 자기 자신으로 살아가야 한다거나 언제나 스스로를 믿어 줘야 한다는 아름다운 말들이, 우리가 닿아야 할 최종 지점의 자아 상태일지는 몰라도 '왜 그러지 못하고 있느냐'고 나무랄 일은 아닐지도 모르겠다.

*

어느 붓글씨 전시회에 갔는데 이런 말들이 멋지게 쓰여 있었다.

'가는 말이 고와야 오는 말이 곱다.'

'첫술에 배부르랴.'

'하늘은 스스로 돕는 자를 돕는다.'

'인간은 변하지 않는다.'

그런데 한구석에 이렇게 쓰인 작품이 있었다.

'천 리 길도 한달음에.'

혼자 벌건 속내를 드러낸 그 작품을 바라보고 있노라니 마음에서 '엇, 나도!'가 절로 외쳐진다. 나도 첫술에 배부르고 싶고, 하늘이 알아서 좀 나를 도와줬으면 좋겠다.

인생이 뭐 하나는 감당해야 하는 밸런스 게임인 줄도 모르고

*

인생이 뭐 하나는 감당해야 하는
밸런스 게임인 줄도 모르고

          함께 먹을 식사 메뉴를 정할 때 '난 뭐든 좋으니 너 먹고 싶은 거 먹자'는 말만큼 도움 안 되는 말도 없다. 진짜로 먹고 싶거나 먹기 싫은 음식이 없을 때는 배려가 되지만, 속내를 숨긴 경우라면 얘기가 달라진다. 먹고 싶은 음식이 상대의 입에서 나올 때까지 권하는 음식마다 토를 달다가 결국 이 소리를 듣게 된다. 야, 그럴 거면 그냥 네가 정해 네가!

내심 딴마음을 품은 자가 '난 괜찮아'라고 말하는 순간 관계에는 균열이 생겨난다. 배려로 시작한 거짓말도 결국은 거짓말이다.

엄마도 분명 내게 괜찮다고 했다.

2박 3일 춘천 여행을 함께 가기로 한 날 아침에, 엄마는 우리 집 식탁 위에 얼린 미역국을 탁 올려놓으며 자신은 이번 여행을 안 갈 거라고, 안 가도 괜찮다고 했다. 자신은 같이 여행 갈 생각이 없지만 명준이 먹일 미역국을 가져다 주려고 일부러 온 거라고(부모님 댁은 우리 집에서 지하철로 1시간 거리). 그러니 너희끼리 재밌게 잘 다녀오라고.

어제 통화할 때만 해도 믹스커피랑 매실 액기스는 내가 챙겼네 어쩌네, 그런 얘기들을 하던 엄마가 갑자기 저러시는 이유가 있었다. 오늘 아침에 일어나서 보니 갑자기 자신의 목소리가 변해 있더라는 거다. 엄마의 음성은 두려움과 초조함의 어디쯤에 닿아 있었고 아직 마스크도 벗지 않은 채였다.

엄마는 자신의 목소리'만' 변했다는 사실을 재차 강조했다. 몸이 아픈 게 아니라고. 감기에 걸린 게 아니라고.

그렇게 엄마는 내게 게임을 걸어왔다.

오케이, 나는 그 게임을 받기로 한다. 엄마의 눈동자를 바라본다. 눈동자 너머의 마음을 읽어야만 한다. 말로 표현되지는 않았지만 분명히 존재하는 엄마 안의 '읽히고 싶은 말'을 읽어 내야 해.

그때 엄마가 자신이 목소리'만' 변했을 뿐 감기에 걸렸을 리 없는 몸 상태를 증명하려 한다. 증명할 만한 근거를 추가로 제시한다. 어젯밤에는 글쎄, 집에서 사이클을 한 시간이나 더 타고 잔 거 있지.

어떤 사람들은 여기까지 정보를 수집한 뒤 엄마가 지금 자신이 감기에 걸린 것인지 아닌지를 알고 싶어 할 수도 있다고 섣불리 결론 내리겠지만 내가 누군가? 나는 저 여인의 딸이다.

마침 엄마가 결정적인 힌트를 내보인다. "내가 춘천 같이 갔다가 명준이가 나한테 감기 옮으면 어떡해."

찾았다, 정답!

엄마는 감기에 걸렸을지도 모를 자신 때문에, 혹시 아이가 감기에 걸려도 자기 탓 안 하겠다고 누가 보증이라도 서 주기를 기다리고 있는 듯했다. 일이 벌어진대도 당신에겐

일절 책임을 묻지 않을 테니 걱정 말고 같이 여행 가자고 말해 줄 귀인을 기다리고 있는 듯했다. 그 귀인이 가급적이면 총책임자이길. 그러니까 저 아이의 엄마인 내가 되길 바랐던 것.

　이거 맞죠 엄마?

　정답을 읽어 내자 내게 선택권이 주어졌다. 이제부터는 내가 어떻게 하고 싶은지, 무얼 원하는 건지에 집중한다. 내 선택은 나의 책임으로만 완성될 것이기에.

***

　그렇다면 이제 선택만이 남아 있다. 아니, 책임이 누구에게 있는지 판단하는 일만 남은 거다.

　결정은 내가 엄마와 여행을 가고 싶은지 아닌지에 근거해서만 내리기로 한다. 상대에게 책임을 묻지 않겠다는 마음의 선포. 어쩌니 저쩌니 시끄러운 소리는 모두 지우기로 한다. 앞서 말했듯 선택이란, 책임을 지는 것으로만 온전해질 것이기에.

　감기 기운은 내게도 있었다. 어젯밤부터 다진 생강에 꿀을 타 마시고 아침에도 한 잔 마신 참이었다.

 나는 엄마에게 이 소식을 전하기로 한다. 애가 감기에 걸려도 엄마 때문 아니고 나 때문이니까 걱정 말고 마스크나 얼른 벗으라 한다. 뒤돌아보지 않기로 한다.

 엄마가 반색하며 눈을 크게 떴다. 그때 솟아오르던 엄마의 눈썹 각도가, 자신의 딸이 심하게 아픈 건 아닐까 걱정하는 어미의 눈빛이었다고는 역시 말할 수 없겠다. 지금 속으로 다행이라고 생각하지 않았냐고 놀리니 엄마가 멋쩍게 웃는다. 미역국 어디 둘까 괜히 분주하게 움직인다. 여행은 안 갈 거지만 미역국을 두고 가려고 왔다던 엄마의 가방에는 여벌의 옷과 세면도구, 혈압약 등이 들어 있었다.

 만일 그때 내가 '혹시 모르니' 이번 여행은 우리끼리만 다녀오겠다고 말했다면 엄마는 그래, 그게 좋겠다며 여행 잘 다녀오라고 인사한 뒤 급히 우리 집을 나섰을 것이다. 하지만 돌아가는 지하철 안에서 스멀스멀 올라오는 섭섭함은 어찌할 수 없었을 것이다. 머리로는 이해해도 마음에 곧장 닿진 못했을 것이다. 몸이 약한 손주 핑계로 마음을 달래 보기야 하겠지만 그래도, 야속하게 느껴지지 않았을까. 나 역시도 엄마를 그냥 돌려보내고 떠난 여행이 편치만은 않았을 거다. 양주의 유명하다는 두부전골집에서 뜨겁고 칼칼한 국물 한 숟갈 떠먹으며 엄마가 같이 왔으면 참 좋아하셨을 텐데, 하고 떠올리지 않을 도리는 없었을 거다. 그냥 모시고 올걸, 괜히 몸 약한 아이를 원망했을지도 모른다.

  하지만 그건 결국 아무 일도 없었으니 할 수 있는 얘기고 만일 아이가 여행 다녀와서 감기에 걸렸다면 나는 엄마부터 원망했을 수도 있다. 아니, 진짜 미역국만 현관 앞에 두고 집에 돌아가서 미역국 들이라고 연락했으면 됐을 거 아니냐며 으르렁거렸을지도.

  애 감기 옮으면 안 되니 엄마는 이번 여행에서 빠지라고 하면서 동시에 엄마를 섭섭하지 않게 할 방법은 없다. 그리고 감기에 걸렸을지 모를 엄마와 함께 여행하면서 아이가 절대 감기에 걸리지 않게 할 방법도 내가 아는 한, 세상에 없다. 하나를 가지려면 하나는 포기해야 하는 것은 변치 않는 삶의 질서고, 내 인생이라고 그 법칙을 피해 갈 리 없지. 먹지 않고 계속 배부를 수 있는 방법은, 매일 야식 먹고 자면서 살찌지 않을 방법은 세상에 없다.

  그렇다면 우리가 할 수 있는 일이란 간단하다. 무얼 선택하고 무얼 책임질지 따져 본 뒤, 하나를 선택하고 그것에 대한 모든 책임을 지기로 하고 사고를 단순화하는 것. 그 책임 하나를 지기 싫어 우리는 '남탓'하며 편하게 살려 한다.

  내가 딱 횡단보도를 건너려는데 빨간불로 바뀌었다며 신호등을 탓하다니요. 탓할 대상에 인간과 기계, 동물과 식물, 하늘의 일과 바다의 일, 보이는 것과 보이지 않는 것 모두를 두고 차별 없이 탓하는 편견 없는 유연함이라니요!

*

엄마가 과일 씻을 때 쓰라며 1.5리터짜리 노란 양조 식초 두 병을 백팩에 넣어 가지고 우리 집에 왔다. 엄마의 가방에서 뻔뻔하게 나오고 있는 그 무거운 식초 두 병을 멍하니 보고 있노라니, 병당 500원 아끼자고 저걸 등에 메고 지하철 타고 한 시간 걸리는 거리를 올 생각을 했다는 것 자체에 화가 치밀기 시작했다. 등이 다 젖고도 태연하게 설거지를 시작하는 엄마의 뒷모습이, 오늘 하루 대충 살고 치우려던 내 마음을 부끄럽게 만들었기 때문이다.

어차피 사람은 보고 싶은 대로 본다

어차피 사람은
보고 싶은 대로 본다

　　　　우리 동네에 있는 'Café Lovely'라는 간판을 3년 넘게 'Café Lonely'로 읽었다. 어지간히 외로웠던 모양이다.

　하루는 수영장에 가다가 올림픽공원 산책로 안내 지도를 보고 깜짝 놀랐다. 공원 측에서 추천하는 산책로 소개에 '추억의 길', '젊음의 길'과 함께 '이별의 길'이란 게 있었기 때문이다. 어? 산책로 이름을 저렇게는 잘 안 짓는데 싶으면서도 그래, 이별했을 때만큼 산책이 필요할 때도 없지, 하며 혼자 고개를 끄덕이며 지나갔다. 이튿날 다시 보니 '연인의 길'이었다. '연인'이란 단어를 보는 순간 나도 모르게 '이별'을 떠올렸던 것이다. 모든 연인은 이별하는 게 수순이라고 생각한 걸까. 인간은 보이는 대로 보지 않고 보고 싶은 대로 볼 줄 아는 동물이다.

  초등학교 3학년 때쯤 '겨울 코트'라는 걸 입은 애가 부러웠는지 나도 엄마한테 겨울 코트를 사 달라고 조른 적이 있다. 엄마가 안 사 준다더니 며칠 뒤 우리 집에 입고 싶었던 바로 그 코트가 걸려 있어 옷걸이에서 코트를 빼내 입어보았다. 코트 입은 거울 속 나를 보며 내일 이거 입고 학교 갈 생각에 신났던 기억이 난다. 알고 보니 아빠의 코트였다. 왜소했던 내가 성인 남성 105 사이즈 코트를 입고서 그게 내 것이 아닐 리 없다고 확신했던 거다. 인간에게는 진짜로 보고 싶은 대로 보고, 듣고 싶은 대로 들으며, 기억하고 싶은 대로 기억하는 초능력이 있는 것이 분명하다.

  누군가의 말과 행동, 혹은 어떤 현상이 돌아가는 모양새를 보며 '저건 아니지 않나', '거기서 그런 말 하는 건 진짜 아니지'와 같은 말을 우리가 함부로 지껄일 수 있는 건, 내가 보고 듣고 맛보고 싶은 것이 아닌 자극에는 뭔가 잘못된 점이 있다고 판단하기 때문이다. 급한 대로 '감각기관을 통해 방금 지각한 정보를 왜곡하며' 자신의 생각이나 판단이 잘못됐을 가능성을 일단 방어해 보는 거다.

 있는 그대로 보는 것에도 용기가 필요하다.

***

 우리나라 동요 작사가들에게는 '사람들이 대놓고 말하지 못하는 것을 어떻게든 전하고야 말겠다'는 직업적 소명 의식이라도 있는 것인지, 직접적인 가사 전달을 장르적 특성으로 한다. 그리고 바로 그 이유로, 동요는 어른들이 듣기에도 좋은 음악이 된다. 하고 싶은 말을 하고 싶은 대상에게 제대로 전달하지 못하는 어른들에게 동요는 그렇게 쾌감과 대리만족을 선사한다.

 아이스크림이 맛있어서 하나 먹고 둘 먹고 또 먹으면 배가 아파 병원에 가 결국 주사 엔딩을 맞게 될 거라는 협박 서사는 우리에게 모든 행동에는 책임이 따른다는 가르침을 준다. 어른이 되면서 남들에게 차마 할 수 없는 말, '솔직히 내(네) 무덤 내(네)가 팠지'라는 궁극의 깨달음을 동요는 사람 감정을 건드리지 않고도 확실하게 전달해 낸다.

어느 작사가는 심지어 '뭐 눈에는 뭐만 보인다'는 말까지도 동요로 전달하는 데 성공했다. 한 번쯤은 누군가를 비난하거나 탓하는 데 꼭 인용하고 싶지만 '상대방과의 관계가 회복될 수 없을 정도로 틀어질까 봐 두려워' 차마 못 한 그 말. 그걸 명랑한 멜로디와 아이들의 순수한 목소리에 실어 세상에 내놓은 곡이 있으니 바로 16회 MBC 창작동요제에 나왔던 채은진 작사 작곡, 강은비 노래의 〈빨간 안경 속엔〉이다. 노래는 "빨간 안경 속엔 빨간 세상 있고, 파란 안경 속엔 파란 세상 있다"는 무릎을 탁 칠 만한 가사로 시작한다. 다음에 나오는 "미움의 안경을 쓰고 보면 미운 것만 보이지만, 사랑의 안경을 쓰고 보면 예쁜 것만 보이지"라는 가사를 따라 부르고 있노라면 정곡을 찔린 듯 움츠러든다. 그래, 미워하지만 말고 사랑하려고 노력은 해 보았는지 반성하게 된다.

곡의 후렴부에 다다르면 앞으로 어떻게 해야 내 안의 미움을 없앨 수 있을지에 대한 제안도 이어진다. 가사에 의

하면 미움의 안경을 버리고 사랑의 안경을 쓰는 게 그 묘책이다. 유난히 따스한 멜로디 때문일까, 동요에는 우리의 삶이 생각보다 간단하고 쉬운 거라 느끼게 하는 측면이 있다. 머지않아 진짜로 내 안의 미움이 모두 사라질 수도 있을 것만 같다. 그래, 나도 미움 대신 사랑으로 나를 꽉 채워 보는 거야.

2절에 들어서면 더욱 심도 있는 성찰을 가능케 하는 가사로 마음가짐은 조금 더 정교해진다. 실망의 안경을 쓰고 보면 안 되는 것만 보이지만, 희망의 안경을 쓰고 보면 우린 뭐든 할 수 있지, 라니… 진짜 너무 아름다운 가사 아닙니까?

어느 날 저녁, 욕실에서 아이 목욕을 시키고 있는데 갑자기 그 노래가 생각나 아이의 머리에 샴푸 거품을 잔뜩 묻힌 채 무반주로 불러 주었다. 그런데 가사가 영 이상해 다시 들어 보니 내가 개사를 해 부르고 있다.

"사랑의 안경을 버리고 미움의 안경을 써 봐~"

세상에서 가장 먼 길은 머리에서 가슴으로 이어지는 길이라더니, 바로 이런 걸까? 대단한 걸 깨달았다는 듯 백날

무릎을 쳐 봐야 진짜로 깨달아지는 건 아닌 모양이다.

깜짝 놀란 나는 순간 다시 원래의 가사로 부르려다가 아니지, 그냥 말기로 한다. 이게 지금의 나다. 마음이 미움으로 가득한 걸, 뭐 어쩌란 말인가?

있는 그대로 보는 것은 용기를 필요로 한다. 그래서 거기엔 시간이 필요한 거다.

P. S. 또 다른 목표 실천 동요로 〈꼭 안아 줄래요〉(한경아 작사, 윤학준 작곡, 송유진 노래)가 있는데 가사는 이러하다. "어쩌다 생긴 미움은 어떡할까. 사랑으로 사랑으로 안아 줄래요." 흠… 한 10년 봅니다, 10년.

*

육퇴(육아 퇴근) 후 폼롤러 위에 허리를 대고 누워 30분쯤 근육을 풀어 주지 않으면 이제 이튿날 아이를 안기도 어렵게 됐다.

스트레칭을 하는 동안 옆에 틀어 놓은 오디오 '석가모니 말씀 모음집'에서 말하길, 현명한 사람은 즐거운 일에도 괴로운 일에도 흔들리지 않는단다. 마침 유독 뻐근하던 근육 부위가 폼롤러와 마찰하며 '못 견딜 것만 같은 시원함'을 느끼고 있을 때다. 현재 체중이 21kg인 아이는 앞으로 얼마나 더 자라게 될까? 집착하지 말라는 석가모니에게 니가 한번 나로 살아 보라 전한다.

감사하다는 말, 그거 순전히 뻥이야!

*

감사하다는 말,
그거 순전히 뻥이야!

 가수 이상은은 〈언젠가는〉에서 노래했다. "젊은 날엔 젊음을 모르고 사랑할 땐 사랑이 보이지 않았네. 하지만 이제 뒤돌아 보니 우린 젊고 서로 사랑을 했구나."

 지겹도록 반복되는 생에 대한 투 탑 주제인 젊음과 사랑조차도 가지고 있을 때 가진 줄 모르는데, 하물며 아주 잠시 스쳐 지나가는 감상에 불과한 '감사하다'는 감각을 무슨 수로 그때그때 느끼며 살아갈 수 있겠는가? 나는 이제 그 말이 무슨 뜻인지도 잘 모르겠다.

현재 시제란 '지금 이 순간 바로 여기'에서 일어나고 있는 것들에 사용할 수 있는 실존적 시제다. 먹는다. 걷는다. 잔다. 노래한다. 그러면 이 현재 시제를 감사하는 마음에도 적용할 수 있는가 하면 그렇지 않다. 감사라는 것은 일이 벌어지고 있을 때 느낄 수 있는 현재에 관한 감각이라기보다 일이 다 벌어진 뒤의 사후 평가에 가깝기 때문이다.

우리는 난데없이 '이것으로 내 인생, 진짜 충분히 감사해'라는 마음을 지금 갖고 있는 듯 현재 시제로 감사하다고 말하지만, 과연 그게 문법적으로 맞는 소리인가 하면 역시 잘 모르겠다.

감사에 관해 수상한 점은 시제만이 아니다. 나는 '감사하는 성질'을 마치 사람이 가질 수 있는 높은 수준의 어떤 삶의 태도, 타인에게 존경받을 만한 좋은 습관으로 바라보는 시선에 대해서도 의문을 품고 있다. 아무리 생각해도 이 감사하다는 말은, 인품의 수준을 엿보게 해 주는 기준이 아니라 단순히 어떤 사건을 해석해 내는 분석 능력일 뿐이라는 생각을 떨쳐 버릴 수가 없는 거다.

즉, 감사란 이미 일어난 일(과거)이나 일어날지도 모를 일(미래)을 기준으로 현재의 상황을 비교하고 판단하는 분석 작업일 뿐이라는 것이 나의 입장이다. 일련의 과정을 통해 '내가 지금 가까스로 피한 불운과 불행'을 도출해 내는 인지적 작업에 불과한 것일 수 있다는 얘기다. 그래서 거기에 현재 시제를 쓸 수는 없다는 주장.

'혹시 제게 닥쳤을지 모를 나쁜 일을 떠올려 보니 지금이 얼마나 감사한 상황인지 잘 알겠습니다'와 같은 흔한 '감사할 거리 도출 과정'은 현재 시제로 쓰일 것이 아니라, 감사하지 못한 과거에 대한 반성과 고백으로 이어지며 과거 시제로 쓰이는 게 맞지 않나 싶은 거다. 아니면 앞으로는 어떻게 생각하거나 행동하겠다는 결심으로 이어지는 미래 시제로 쓰이는 게 맞다 싶다. 제가 얼마나 감사한 상황에 살고 있었는지 몰랐습니다. 앞으로는 현재 가진 것에 감사하지 못하는 어리석은 생각은 절대 하지 않겠습니다. 불평불만 제로인 삶에의 도전, 이제 시작합니다!

내가 감사 일기를 써 온 수많은 순간들은 사실, 도무지 감사할 거리가 떠오르지 않는 고독한 밤이었다. 그 밤에 내가 한 건, 감사가 아니라 감사할 결심이었다.

*

사회적 동물의 운명이자 비극. 죽을 때까지 평가받는 일.

어떻게 해도 꼭 한 명은 마뜩잖게 볼 거다. 그게 디폴트값이다.

자, 그럼 이제 어쩔 텐가? 그냥 멋대로(라도) 살자!

평가 중독

★

평가 중독

　　　　　두 번째 책《커피는 내게 숨이었다》를 출간한 후 나는 어느 라디오 프로그램에 출연했다. 이걸 누가 들었을까 했는데 우리 아파트 9층 아주머니가 들었다.

　상대에게서 어떤 반응이 돌아올지 예상할 수 있는 단서가 전혀 없는 상황에서 말을 건다는 건 용기 있는 행동에 속한다. 결과를 예측할 수 없는 장면 앞에 몸을 사리는 건 너무나도 자연스러운 인간의 방어 행동이니까. 그래서 9층 아주머니가 어느 날 엘리베이터를 기다리던 나와 내 아이에게 거침없이 다가온 것은 반갑기도 하고 고맙기도 한 일이었다.

아주머니는 내게 자식들 다 키우고 나니 너무 좋다고 했다. 아이의 이름을 물었고, 고생 많다고도 했던 것 같다. 그러더니 다짜고짜 저녁에 춤을 추자고 했다. 저기 저 공원에 매일 저녁 7시마다 사람들 나오니까 자기도 같이 추자고. 먼저 내리시며 다시 한번 권했고 초대는 몇 번 더 이어졌다. 저녁 7시, 진짜 안 돼요?

라디오 출연 후 며칠 뒤 엘리베이터 앞에서 만난 아주머니는 평소와 달리 나를 위아래로 한 번 쓱 훑는다. 우리를 발견하면 아이 이름을 요란스레 부르며 곧장 달려오시던 아주머니가 어쩐 일인지 조심스레 다가오는 폼이다. 그러더니 뜬금없이 명준이의 나이를 물었다.

"자기, 명준이가 올해 몇 살이더라?"

대답을 들은 아주머니가 자신의 입을 틀어막았다. 헉!

"그럼 자기가 이명희야?"

이틀에 걸쳐 방송된 라디오에서 아이의 장애 정도에 대해 꽤 상세히 설명한 데다, 마지막에 갑자기 아이한테 하고 싶은 말을 하라고 해서 아이 이름을 부른 터였으니 9층 아주머니는 그때 완전히 아셨을 것이다. 어머, 혹시 그 애? 나 혼자 커다란 수영 가방 메고 오가는 길에 마주치기도 했는데 아주머니가 그걸 또 기억하셨는지(라디오에서 수영장 연수반에 다닌다는 것까지 말함) 이제 아이의 나이와 내 이름만 확인하면 되는 터라 내심 마주치길 기다리셨던 모양이다.

그런데 내 어깨를 찰싹찰싹 치며 반가워하던 아주머니가 엘리베이터에서 내리며 이 말씀을 하셨다.

"아이고, 고귀하신 작가님인 줄도 모르고 내가 맨날 춤추자고 했네."

나는 엘리베이터에 홀로 남아 마저 올라가며, 인간은 정말 어쩔 수 없나 보다 생각했다. 인간이란 어쩔 수 없이 마음 안에 더 괜찮아 보이는 것들의 리스트가 만들어진 채로 살 수밖에 없는 걸까. '왠지' '더' '대단해 보이고' '좋아 보이는' 것들이 세팅되어 있어야 우리는 그 세계를 안전하다고 느끼는 걸까?

9층 아주머니는 매일 저녁 동네 사람들과 공원에 모여 다

함께 춤추는 행위의 위대함을 알고 있었다. 그것이 얼마나 인간의 몸과 마음을 회복시키고 일상을 살아 낼 에너지를 만들어 내는지 알고 있었기에 내게 춤을 권했을 거다. 딱 봐도 고단한 인생 당첨일 게 뻔한 내게 즉시 '함께 하자'고 했던 단호함과 추진력은 생활체육 활동으로 구원받아 본 경험에서 나왔을 것이다.

잘 모르는 이들과 함께 단체로 어떤 동작을 구현하고, 연속된 몸의 움직임을 만들어 보는 활동이 정신과 육체의 건강에 미치는 엄청난 힘을 그녀는 정확히 알았다. 그 별거 아닌 사소한 약속이 한 사람의 하루를 지켜 낼 수도 있다는 것을. 아무도 완벽하게 춤추라고 강요하지 않지만 그것이 사회의 안전막이자 자기 돌봄의 시작이 될 수 있음을, 그녀는 알고 있었다.

그런데 고귀하신 작가님인 줄 모르고 춤추자고 권했다니, 그게 무슨 말인가. 춤이 들었다면 섭섭했을 소리다.

고등학교 친구 하나가 드라마를 정주행하느라 어젯밤 잠을 못 잤다고 했다. 이 정도로 몰입해서 드라마를 본 것도 정말 오랜만이라고. 듣는 순간 부럽다는 생각에 입이 쩍 벌어진다.

다음 화를 보지 않고선 견딜 수 없는 무조건적인 끌림은 인생에 자주 오지 않는다. 그건 작품의 수준, 그러니까 작품의 완성도나 주제의 깊이와는 별개의 얘기다. 전혀 관심이 없거나 친근하지 않던 배우나 장르, 어떤 상황이나 영상의 느낌, 혹은 OST에 갑자기 확 빨려 들어가서는 순식간에 16부작을 완주하기에 이른다. 그 맹목적인 몰입의 체험, 지속적인 집중의 경험은 돈으로도 살 수 없고 누가 시킨다고 해낼 수 있는 것도 아니어서 순전히 '운명적 만남'이라고밖에 해석할 수 없겠다. 줄줄이 볼 수 있는 드라마 에피소드가 (아직도) 몇 개나 더 남아 있다는 사실이 주는 안도감은 밤을 잊고 정주행 해 본 이들은 모두 공감할 만한 명백한 기쁨. 만일 불면증을 겪은 적 있다면, 그만한 구세주도 없겠다.

12시간 내지 16시간쯤 확보된 마음의 안식 앞에 인간은 '생각하지 않을 자유'를 보장받는다. 생각을 멈추기 위해 인간이 하는 행동의 범주에 한계가 없음을 생각하면, 역시 드라마에 빠져 혼자 이불 덮고 누워서는 '다음 화 보기'를 계속 누르고 있는 이의 모습만큼 건전하며 남에게 피해 주지 않는 방식은 없을 터.

그런데 그 축복의 밤을 보냈다는 친구가 자책을 시작한다. 나이가 몇인데 아직도 밤새 드라마 정주행이나 하고 있느냐는 '자기평가'를 불쑥 내지르고 만다. 마음 안에 있는 정체 모를 리스트가 또 그녀의 심기를 건드리며 슬슬 장난을 치는 거다. 드라마가 들었다면 섭섭했을 소리다.

***

지금의 언어와 같은 의사소통 도구가 없던 시절 인간은, '다른 부족'을 마주치기만 해도 싹 다 죽여 목숨을 지켰다고 하니 내 편 네 편을 분별하는 것은 생존 본능일 수 있다. 다름과 닮음을 기준으로 개체들을 분별하려는 움직임은, 어느 쪽을 선택해야 자신의 안전 확보에 더 유리할지 계산해야 하는 인간의 운명에서 당연한 일일 수도 있다. 뭐가 더 '낫고 맞고 옳은지' 따지려 드는 마음이 '자꾸만 비교하려는 못난 성질'이 아닐 수 있다는 것이다.

관계 속에서 살아가는 우리는 사람에 대해서도 (누구한테 따로 배우지 않고도) 비교하고 평가할 수 있다. 누가 누구보다 리더십이 있다거나 깊이가 있다는 식의 개별 항목 평가는 물론이요, 누가 나랑 더 잘 맞을 것 같다는 식의 단순 추측과 촉에 의한 비교와 평가까지도 인간은 거뜬히 해낸다. 그러다 우리는 좀 더 복잡한 평가를 내리기도 한다. '다정하다'라는 하나의 태도나 성격을 두고도 '다정하기까지 한' 사람과 '다정하기만 한' 사람으로 나눌 수가 있는 거다. 주의할 점은 우리가 유독 계산적이며 기회주의적이어서가 아니라 거의 자동적으로 평가가 이루어진다는 사실이다. 도대체 왜 그렇게 '느낀 건지' 스스로도 설명할 수 없고, 설명한다고 해도 시간이 많이 지난 뒤 '추측'해 볼 수 있을 뿐. 결국 우리는 각자 제 안에 엄청나게 축적된 데이터와 자신이 나고 자란 환경 속 가치관을 그대로 답습해 오늘도 비교판단을 내릴 뿐이다.

  부산 자갈치시장 어느 횟집에 걸려 있던 '비교는 파멸로 가는 지름길'이라는 (아마도 횟집 사장님의 좌우명으로 추정되는) 명언은 역시 맞는 말일 것이다. 하지만 아무리 혼자 그 말을 매일매일 되뇌어도, 이미 자동적으로 뚝딱 계산되는 결괏값을 사장님 본인도 어쩌지 못할 것이다.
  우리가 우리의 못 말리는 비교 본능에 대해 할 수 있는 유일한 일은, 이해하기 위해 노력하는 것뿐이다. 나와 상의도 없이 제멋대로 돌아가는 내 안의 비교 작업과 내게 동의를 구하지 않고 버젓이 힘을 발휘하는 평가 항목에 과연 뭐가 있나 들여다볼 수 있을 뿐. 그리고는 내 것이 아닐 수도 있었던 것들은 조금씩 쳐내 보고 마음에 들지 않았던 것들은 잠시 잊어 보는 것. 겨우 그 정도다.

인간에게 자기실현을 이룰 수 있는 힘이 이미 충분히 내포되어 있다고 믿은 인간 중심 상담의 창시자 칼 로저스의 저서 제목은 '인간이 되는 법How to be a Person'이 아닌 '인간이 되어 가는 것On Becoming a Person'이다. 우리는 그저 되어 가는 인간일 수 있을 뿐 완벽한 인간이란 애초에 존재할 수 없음을 강조하고 싶었던 것일까? 그렇다면 나도 횟집 사장님처럼 어딘가에 뭔가를 적어 놔야지.

*

그럴 때가 아니라 장애인 보조기기 렌탈 바우처 이용 가능 기간이
얼마나 남았는지 구청에 알아볼 때라는 목소리가 내 안에서 들리면
한 번씩 울고 싶어진다. 하기 싫다고. 그거 하기 싫다고.
그런데 어딜 보고 울어야 할지를 몰라 더 울고 싶어지네. 이런.

하라고 하면 하기 싫고, 하지 말라면 하고 싶은

*

하라고 하면 하기 싫고,
하지 말라면 하고 싶은

　　　　　　내 아이보다 한 학년 위 아들을 키우는 순화 언니가 아이의 옷을 물려주었다. 대부분 입히고 벗기기 수월한 상하의 세트 운동복이라 반가운 와중 한 상의에 이렇게 적혀 있는 걸 보았다.

　'Just do it later.'

　스포츠 용품 브랜드 나이키의 대표 카피인 'Just do it'을 한 번 꼬아 만든 그 문구를 가슴에 얹은 아이를 내려다보니 옷이 제 주인을 찾았다 싶다. 아이의 삶의 태도. 그러니까 '어머니, 그렇게 급히 처리해야 할 정도의 일이 진짜로 있는 거 확실합니까?'라고 말하는 듯한 표정이 내내 하고 싶던 말이 저거였겠네 싶어 재밌다. 나는 'Just do it later'를 입고 있는 아이의 사진을 찍어 가까운 사람 몇에게 보냈다. 이거 너무 재밌지.

그런데 그날 저녁이 되니 갑자기 미뤄 두었던 일들 몇 개를 해치워 버리고 싶어졌다. 계절이 바뀐 지가 언젠데 아직도 거실 서랍장을 차지하고 있는 아이 겨울 내복을 안방으로 옮기는 일부터, 쓰지도 않으면서 '언젠가(물건 못 버리는 사람들 단골 멘트 1위)' 필요하다는 사람한테 줄 거라며 버리지도 않으면서 놀랍게도 누구한테 줄 건지는 알아보지도 않고서 볼 때마다 '누구한테 줄 건지 알아보지도 않는 나'를 자각하게 된다며 쟤들은 왜 우리 집에서 여태 안 나가고 있는 거야, 미워했던 아이 물리치료 기구들을 버리는 일까지. 다 대수롭지 않게 느껴졌고 그날 밤 정말로 뚝딱 해결했다. 하고 나니, 진짜 별일 아니었다.

참 신기한 일이지. 내가 한 거라고는 Just do it later라고 적힌 옷을 보며 낄낄댄 것밖에 없었는데.

★★★

친구 한나한테 나 항우울제 한번 먹어 볼까, 카톡을 보냈다. 주기를 갖고 찾아오는 우울감은 이제 별스러운 일도 아니지만 어째 요즘은 턱까지 차올라 늘 찰랑거리는 느낌이다. 조금만 기울어도 목까지 넘어올 것만 같다.

여태 약을 먹어 본 적 없는 이유는 약물에 의존하기가 싫었던 탓도 있지만 우울증이라고 단정 짓기에 증거가 불충분하다는 자체 판단 때문이었는데(진단을 위해서는 2주 이상 우울감이 지속되어야 하는데 매운 떡볶이 하나 사 먹으면 또 노래가 흥얼거려진다든지 하여) 역시 모두 다 나의 무지고 오만이었다. 그랬더니 더 우울해졌다.

퇴근하고 집에 온 남편에게 저녁에 있었던 '위험신호 자각 사건'을 이야기한다. 아무래도 나, 이거 보통 일이 아닌 것 같아.

내 걱정으로 놀라고 걱정에 차 하늘이 무너진 듯한 남편의 모습을 기대했는데. 충격받은 남편이 내 마음을 어루만지며 앞으로는 퇴근을 더 일찍 해 보겠다거나 뭐 그런 말을 할 거라고 기대했는데. 그는 놀랍게도 내 귀에 다 들리도록 한숨을 크게 한 번 내쉬는 것이 전부였다. 심지어 냉장고에서 사과를 꺼내 씻더니 야무지게 잘라 먹는 모습까지 보여 주었다. 뭐지? 이 그림이 아닌데?

그러다 한나에게 항우울제 이야기를 꺼내게 된 거다. 한나는 마치 "너 오늘 출근했니?"에 대한 답처럼 "ㅇㅇ"라고 하더니 몇 시간 뒤 신경정신과 병원 주소를 하나 보내 왔다.

"여기 괜찮다나 봐. 한번 가 봐. 너 오래 버텼어."

순간 병원에는 안 가봐도 될 것 같다는 생각이 들었다. 지금의 내 삶이, 누가 겪어도 항우울제 정도는 당연히 처방받아야 할 것처럼 힘들다는 것을 누군가 즉시 동의해 준 것만으로도 마음이 한 번 쓰다듬어진 것이다. 다시 방향을 틀 수 있을 것만 같았다. 진작 병원에 갔더라도, 내 이야기에 고개를 끄덕여 주는 의사의 모습에 크게 감동하고는 약 없이 좀 더 지내 볼게요, 라며 병원을 나왔을지도 모르겠다.

내가 기를 쓰고 찾고 싶었던 것은 나를 이 우울에서 구해 줄 마법의 약이 아니라, 나로 인해 신경 쓰거나 아파하는 누군가의 괴로워하는 모습이었을까? 나로 인한 누군가의 흔들림 그 자체를 보고 싶었는지도 모르겠다. 대학원에서 상담을 공부했고, 두 권의 책을 내는 동안 마음에서 털어 낼 건 다 털어 내 이제 꽤 주체적이고 독립적인 삶에 진입했다고 믿은 건, 거짓은 아니었겠지만 전부도 아니었던 거다. 이것이 나의 현주소였다. 여기가 내가 서 있는 자리였다.

누구에게도 기대지 않고, 누군가의 반응에 크게 흔들릴 일은 애당초 없다며 잘난 척 해 왔지만, 나는 누군가의 토닥임 한 번에 눈물을 쏟아 낼 수 있을 정도로 위태로웠다. 이튿날 출근한 남편이 혹시 내게 무슨 일이 생길까 봐 하루 종일 정신 나간 사람처럼 굴지 않았다는 사실에 나는 더없이 외로워졌다. 하지만 저 사람도 손 놓고 있는 나를 대신해 설거지를 하고 빨래를 널고 아이를 재우고 자야 하므로, 그렇게 사과를 먹을 수밖에 없었을 것이다.

앞으로도 이런 일은 반복되겠지. 언제까지나 그럴 것이다. 누구에게도 기대지 않고, 누군가의 반응에 크게 흔들리지 않으며 잘 살아 낼 수 있다고 어느 순간엔 확신하다가도 때로는 누구에게라도 완전히 기대고 싶어질 것이며, 누군가의 반응에 완전히 휘청대고 있을 것이다. 지금 당장 하라면 절대 싫다며 팔짝 뛰고, 그냥 다 잊고 나중에 여유 있을 때나 하라고 하면 지금 당장 하겠다고 팔을 걷어붙이면서.

*

그 애와 친구였을 때 나는 우정이 뭔지 안다고 생각했다. 그런데 그때의 너도, 그때의 나도 다 사라지고 없는 지금 돌이켜보니, 나는 나 하나 가까스로 사랑했었다 싶다. 어쩌면 너도 그랬는지 모르지.

그 사람은 존재하지 않는다

*

그 사람은
존재하지 않는다

잠들기 전 매일같이 유튜브로 법륜스님의 '즉문즉설' 영상을 보던 때가 있다. 스님은 절대 문제를 해결해주지 않았는데 그게 좋았다. 그는 그게 문제라고 생각하는 질문자의 마음을 들여다보게 했다. 이런 식이다.

자식의 일기장을 본 뒤 괴로워하는 엄마의 사연이었다. 아이 몰래 본 일기장에는 사연자에 대한 이야기가 적혀 있었다는데 차마 입에 담지도 못할 말들이라고 했으니 대충 엄마가 차라리 죽어 버렸으면 좋겠다는 내용쯤이 아니었겠는가? 마이크를 쥔 그녀의 손이 덜덜 떨리고 있었다.

어떤 보상이 없어도 사랑할 수 있어야 진짜 사랑이라고들 하지만, 보상이 없는 정도가 아니고 오히려 상처를 준다면, 혹은 상처만 준다면, 그 사랑을 지속할 수 있는 이가 얼마나 될까? 스님은 질문자에게 이렇게 말했다.

"그러니까 남의 일기장을 왜 봐요."

문제와 정답 모두가 제 안에 있다는 걸 알게 된다는 건 다행이면서도 전혀 다행하지 않은 일이다. 마음먹기에 달렸다거나 다 생각하기 나름이라는 말처럼 사람을 일으키게 하는 말도, 힘 빠지게 하는 말도 없다.

지적장애가 있는 자식을 둔 엄마의 사연도 있었다. 자신의 인생을 간단히 요약하며 아픈 첫째 밑의 두 동생이 공부도 잘하고 정말 착하다는 얘기를 강조하는 사연자의 말에서, 지난 세월 그녀가 생을 어떻게 버텼는지 알 것 같았다. 두 동생들은 나름대로 또 얼마나 복잡했을까. 아픈 형 때문에 가뜩이나 삶이 힘든 불쌍한 우리 엄마에게 힘이 되는 자식이 되어 주고 싶어 공부도 잘하고 정말 착하게 되기까지,

그들의 시간도 만만치 않았을 것이다.

고민의 요지는 첫째가 어디에서 지내든 자신이 괴롭다는 거였다. 폭력성이 있는 첫째를 장애인 보호시설에 보내면 모처럼 가족들이 평범하고 평화로운 일상을 보낼 수 있지만 시설의 돌봄 서비스가 마음에 들지 않아 너무 괴롭다고 했다. 그래서 첫째를 시설에서 빼내 다시 집으로 데려오면 그때부터는 집에 있는 나머지 가족들의 고통이 시작된다고 했다. 이렇게 해도 괴롭고 저렇게 해도 괴롭고 스님, 도대체 저는 어떻게 살아야 하나요?

법륜스님은 맨 먼저 사연자에게 수고했다고 말했다. 아니, 고생했다고 했던가 고맙다고 했던가. 아픈 아이를 버리지 않고 키운 것에 대해 스님은 사연자에게 인사했다. 그리고 이어지는 칼날 같은 '설'이, 그게 당연한 거 아니냐. 부모도 키우기 힘들어 남에게 맡긴 자식을 누가 제 부모보다 잘 돌볼 수 있겠냐.

혹시나 방법이 있을지 솔깃했던 마음이 진짜로 방법이 아예 없는 거구나 싶어 푹 꺼진다. 상황이 끝까지 어려운 게 맞구나. 진짜로 죽어야 끝나는 게 맞구나.

★★★

  대학원에서 상담심리를 공부하며 흥미로웠던 내용 중 하나는 '상담자의 윤리강령'이다. 상담학회의 상담자 윤리강령에 따르면 상담자와 내담자는 (나의 언어로 재해석하자면) 절대 친구가 될 수 없다는 것이 나를 사로잡았다.

  상담실이란 기대하는 바가 있을 때 찾는 곳이다. 마음이 너무 힘들어서 찾았다고 감정적으로 말하기에는 애초에 방문 목적이 꽤나 분명해야 갈 수 있단 얘기다.

  생전 처음 보는 사람 앞에서 내 모든 것을 다 드러내 보일 마음을 먹는 것. 그것은 확실히 자연스럽다기보다 부자연스러운 일이다. 저곳에 가면 혹시나 자신을 이해하고 지지하거나 조언해 주거나 최소한 가만히 얘기를 들어줄 사람이 있지는 않을까 싶을 때. 그래서 내 마음이 좀더 나아지거나 편안해지거나 나를 더 단단하고 굳건한 사람으로 만들어 주거나 최소한, 당장 문제를 해결할 실마리를 건네줄 사람이 필요할 때. 우리는 상담을 받아 볼 생각을 한다. 그것도 돈을 내고.

  그렇게 시작한 상담에서 운 좋게 마음이 잘 맞는 상담자를 만났다고 해 보자. 그래서 그 사람을 만난 뒤에는 자신이 이전보다 확실히 '나아졌다'고 해 보자. 그러니까 목표했던 바를 목표치에 가깝게 이루고 있다고 해 보자. 그러면 어느 날 상담자는 당신에게 이렇게 말한다.

"그럼 이제 우리, 상담 종결을 준비해 볼까요?"

아니, 종결이라니요. 이 좋은 관계를 왜 끝내야 하죠?

연인 관계에서라면 절대 있을 수 없는 전개다. 위 글에서 '상담자'를 '애인'으로 바꿔 보면 그 관계의 엔딩은 '더 깊은 연인'이나 '마침내 결혼한 사이'가 되어야 자연스럽지, 돌연 둘이 헤어지는 서사로 흐를 리 없다. 우정도 마찬가지다. 위 단락의 '상담자'를 '친구'로 바꾸면 그 관계의 엔딩은 '평생 우정을 나눈 두 사람'이 되어 죽는 날까지 서로의 눈만 봐도 마음을 아는 사이로 남아야지, 절연 엔딩이라니요?

너무 이상하지 않은가. 내담자에게 자살 위험이 있거나 하는 경우가 아니라면, 상담자와 내담자는 상담실 외의 공간에서 사적으로 만날 수 없다. 저기 맛있는 집 있다며 한번 같이 가자고 다정하게 말해서는 안 되는 사이라는 말이다.

왜 그럴까? 왜 그래야 하지? 왜 우리는 서로 더 다가가고 깊어지면 안 되는 사이인 건가요?

　나는 오래도록 이에 의문을 품고 있었다. 삶의 기준을 제시해 주고, 흔들릴 때마다 다시 균형 잡을 동기를 부여할 정도로 영향력 있는 상담자와 왜 친구가 될 수 없다는 건지. 만나기만 해도 온전히 내가 된 것 같아지는 그 달콤함을 왜 상담실에서만 맛볼 수 있다는 건지 이해할 수 없었다.

　그 답은 상담대학원에서 가르치는 것이 무엇인지를 알게 되면서 뚜렷해졌다.

　상담자가 되려는 이들이 학교에서 배우는 내용은 결국 (나의 언어로 재해석하면) '남의 이야기를 남의 이야기로만 듣는 법'이다. 한순간 완전히 상대방이 된 듯 그에게 공감하면서도 상대방과 자신을 동일시하지는 않는 고도의 기술.

　아니, 마치 자기의 일인 듯 곧장 감정을 싣고 정서적으로 대해 주면 그거야말로 고마운 일 아니냐고 반문하는 이가 있겠으나 그게 그렇지가 않은 것이, 그 순간 내담자의 이야기는 상담자의 이야기가 되고 말기 때문이다. 나라면 이렇게 할 것 같은데, 나였다면 그렇게 느꼈을 것 같은데, 생각하는 순간 내담자가 힘겹게 꺼낸 이야기의 주인공은 내담자가 아니라 상담자가 된다. 이야기를 빼앗은 것이다. 재미있지 않은가? 어떻게 해도 나아지지 않을 때 찾기 좋은 대상이, 눈빛만 봐도 아는 이들이 아니라 저 눈빛 너머 뭐가 있는지 하나도 읽어 낼 수 없는 완전한 타인이라는 사실이.

 상담의 궁극적 목적이 자기 자신을 편들어 줄 이를 찾는 게 아니라, 자기 자신을 똑바로 바라볼 용기를 내는 데 있다는 것은 그렇게 간단히 증명된다.

 누군가의 이야기에 자신의 기억이나 경험을 끌어들이지 않고 온전히 그 사람의 이야기로만 듣는 일은 어렵다. 특히 자기 안에 어떤 상처가 있다면, 이미 세게 한번 긁힌 적 있는 주제나 대상에 대한 이야기를 상대만의 이야기로 듣는 일은 불가능에 가깝다. 우리는 아주 작은 단서만으로도 자기 자신의 기억 속으로 돌아가 그때를 살아 낼 수 있기 때문이다.

 그래서 상담자는 반드시 내담자를 상담한 내용을 타인에게 점검(수퍼비전)받아야 한다. 너의 이야기를 나의 이야기로 여기지 않았는지. 너의 상처에 나의 상처를 덧입혀 너를 위해야 하는 시간을 나를 위한 시간으로 보낸 건 아닌지 살펴야 하는 거다. 바로 그 지점에서 상담이라는 것이 얼마나 부자연스러운 관계인지가 설명된다. 그것이 얼마나 인간의 보편적인 성질에 위배되는 관계인지가.

우리는 상대방에게서 자신과의 연결점, 공통점을 찾으며 가까워지고 자신과의 차이점, 도저히 좁힐 수 없을 것만 같은 틈을 발견했을 때 기꺼이 멀어진다. 네 일이 마치 내 일 같을 때 우리는 남의 일에 내 팔 걷고 나설 수 있으며 남의 아픔에 내 눈물을 흘릴 수 있는 거다. 관계를 맺는다는 건, 그 자체가 합쳐지는 과정이고 그래서 하나의 관계는 두 사람의 합이 아니라 그 이상의 무엇이 된다.

그러나 상담자는 너의 이야기가 나의 이야기가 되지 않도록 자신을 철저히 단속해야 한다. 그러기 위해 혹독한 훈련을 거쳐야만 하고 그래서 세상에는 형편없는 상담사, 내담자가 아닌 자기 자신을 위한 상담을 하는 상담자도 많다.

네가 되지 않으면서도 상대방의 존재에 완전히 공감하고, 나의 사연이 너의 사연을 오염시키지 않도록 주의하면서도 너의 사연 속에 온전히 빠져드는 일을 해내야 한다니. 그러니 내담자는 1시간 상담에 10만 원이나 내는 거겠지.

그래서 상담자와 내담자는 친구가 될 수 없다. 밖에서 따로 만나 차를 마실 수 없다. 상담자와 내담자는 '처음부터 끝까지' 철저한 통제와 감시 속에서 계약을 맺어 잠시 관계를 이루는, 완벽한 시절인연이다.

그 사람은 존재하지 않는다. 그 사랑은 존재하지 않는다.

*

탈구된 고관절과 휘어 버린 척추. 돌아간 다리와 부서진 몸. 그 몸 곳곳에 비누칠을 하며 나는 엄마가 되어 간다. 내가 어떻게도 할 수 없는 네게서 뽀얀 비누 냄새가 난다.
원래 인간이 타인에게 줄 수 있는 것들이란, 결국 씻겨 나갈 비누 거품 정도인지도 모르겠다. 그러니 상대에게 비누 냄새를 남길 수 있다면, 그것도 대단한 정성이고 엄청난 인연인 거지.

아니요, 열등감이 아니라 우월감이요

★

아니요, 열등감이 아니라
우월감이요

　　　　　인간발달에서의 열등감을 강조했던 오스트리아의 정신분석가 알프레드 아들러는 다른 수많은 사람들과 마찬가지로 자신의 삶을 원료로 그만의 이론을 만들어 가기 시작했을 것이다. 몸이 허약했고 자신의 동생이 옆 침대에서 죽어 가는 것을 지켜본 체험으로, 어떤 충격과 그로 인한 (결핍과 결함, 다양한 형태의 트라우마로 남을) 잔재가 인간발달에 미치는 영향력에 대해 관심 갖기 시작했을 것이다.

　아들러는 인간이 자신을 개선하려는 의지 발현의 원동력으로 열등감을 꼽았다. 그런데 나는 그가 자신의 이론을 소개하면서 대표 용어 선정 과정에 약간의 착오가 있었거나 최소한 고민이 있었을 거라 확신한다. 그가 말한 '열등감'을 '우월감'으로 바꿔 읽어야 더 말이 되는 것 같기 때문이다. '내가 어딘가에 다다르지 못해 열등감을 느끼는 나'가 아니라 '이토록 우월한 내가 그곳에 다다르지 못한 것이 말도 안 되기 때문에' 인간은 앞으로 나아가는 거라는 해석이 더 진실을 반영한 것이 아닌가 싶은 거다.

　사람은 우월감에 취해 있는 사람보다 열등감에 움츠리고 있는 사람에게 훨씬 너그럽다. 자기 잘난 맛에 살다가 인생이 고꾸라져 풀 죽은 모습처럼 남에게 도움받기 쉬운 때도 없다. 타인의 불행은 타인의 행운에 비해 더없이 환영받는 데다 불행한 일을 당한 자가 스스로를 형편없어하기까지 한다면? 다들 힘내라며, 다시 일어서면 되지 이렇게 주저앉지 말라며 난리들이 날 것이다. 너도나도 여기저기서 도움을 준다.

　반면 그 사람이 여전히 자신의 우월감에 취해 이 따위 인생이 내 인생일 리 없다며 씩씩거리고, 예전의 기고만장하던 기세가 조금도 누그러지지 않는다면, 안타깝게도 십 원 한 장 도움받을 수 없으리라. 누가 봐도 안타까운 상황이라 할지라도, 자기 자신에게 실망한 모습을 보이지 않는다면 따뜻한 말 한마디, 택도 없다.

그리고 이러한 모습은 자기 자신을 바라보는 시선에도 적용되는지라, 우월감 확인이 좌절되어 절망에 빠진 나, 보다는 열등감을 느끼고 무력감에 매몰되어 버린 불쌍한 나, 로 자신을 인식하는 것에 스스로 동의하기가 더 수월하다. 자기연민이 유행처럼 번지는 건 다 그런 이유가 아닐까.

나 역시 수많은 우월감에 좌절을 맛보며 남몰래 씩씩거렸지만 이를 열등감으로 둔갑시켜 나와 타인에게 설명해 왔다. 내가 그걸 못 한다는 게 말이 되는가, 라고 생각해 놓고서 왜 나는 잘 안되는 것인가, 좌절해 있는 스탠스를 취해 온 것이다.

그러나 내가 여태 취해 있던 것은 열등감이 아닌 우월감이었다. 수없이 많은 사례가 있지만 하나만 들어 보겠다.

하루는 퇴근한 남편이 어떤 단어를 반복해서 말하기에

잘 들어 보았다. 뭐라뭐라 아팠다고 계속 말하는 거 같은데 그 말에 살짝 리듬이 실려 있기에 경쾌하게 들린다. 뭐야, 지금 혹시 노래 부르는 거냐고 물으니 그가 하는 말이, "이 노래 몰라? 로제의 〈APT(아파트)〉잖아."

순간 치밀어 오르는 화에 나 자신조차 놀랐다. 나로서는 들어 본 적 없는 어떤 곡의 멜로디를 혼자 머릿속으로 재생시키며 경쾌함을 주체할 수 없다는 듯 그는 제 머리를 양옆으로 까딱까딱 리드미컬하게 움직이기까지 한다. 급기야 로제가 무대 위에서 지었을 법한 새침한 표정까지 따라 하는 그의 모습을 바라보고 있자니 내 안의 우월감이 꿈틀대며 대폭발을 준비한다.

그룹 블랙핑크의 로제가 외국 가수 브루노 마스와 함께 불렀다는 〈APT〉라는 곡의 존재는 나도 알고 있었다. 그런 곡명의 노래가 빌보드 차트 몇 위에 올랐다, 하는 기사는 나도 어디서 봤다. 어디서 봤더라 하니, 애 물리치료실 데려가려고 엘리베이터에 탔을 때 광고판에 떠 있던 한 줄 연예뉴스에서다. 궁금은 했지만 들어보지는 않았다. 당장 애를 물리치료실(남의 손)에 넘기기 전까지는 뭘 해도 기가 빨리고 지쳤으며, 막상 애와 떨어지면 혼자 조용히 있고 싶어져 노래를 들어 볼 마음은 생기지 않았기 때문이다.

　나는 결국 이 모든 것이 부당하다는 결론을 낸다. 내게는 없는 어떤 여유가 남편에게만 있다는 결론을 낸다. 뭐가 잘못돼도 한참 잘못됐다, 이거 업무 분장 다시 짜야지, 나도 돈을 벌든지 해야지(근데 무슨 수로? 부디 이 글을 무사히 책으로 출간할 수 있길. 그리고 그 책 좀 많이 팔리길. 비나이다 비나이다)!

＊＊＊

　어느 해 질 녘, 어찌 이것이 내 삶일 수 있는가 스스로 묻는 날이 있다. 그러다 보면 내 삶의 마지막 장면을 여러 버전으로 상상해 본다. 사람이 죽을 수 있는 길은 스스로 목숨을 끊는 법을 제외하고는 자연사로 죽는 거 아니면 사고나 질병으로 죽는 길밖엔 없으니 역시 어느 쪽도 쉽진 않겠다 싶다. 잠든 채로 죽을 수만 있다면!

　어떻게 죽어도 그 순간의 신체적 고통이란 태어날 때의 고통만큼이나(나는 자연분만으로 태어났다) 극렬할 테니 나름의 각오를 해야겠지만 나로서는 아이로 인해 상황이 좀 복잡하게 됐다. 어떻게 해도 만만치 않은 결말이 기다리고 있다. 아이보다 먼저 죽는다면 남겨질 아이 생각에 눈을 감을 수 없을 것이요, 아이가 먼저 죽는다면 아이를 가슴에 품고 사느라 마음 편하기도 틀렸으니 이렇게 끝나나 저렇게 끝나나 눈물로 얼룩진 삶이로다.

그러니 만일 이대로 시간을 되돌려 아이를 낳기 전으로 돌아간다면, 출산은 물론이거니와 결혼도 절대로 하지 않을 것이다. 출산하게 될 확률이 조금이라도 생길 일은 미연에 방지하여 인생을 두 번 망치는 어리석은 짓은 하지 않을 테다.

하지만 만일 저 아이가 태어나야 한다면. 저 아이가 지금과 똑같은 신체 조건으로 한 번은 태어나야만 하는 운명이라면. 그래서 세상 누군가는 저 아이의 엄마가 되어 주어야만 한다면.

하늘 위 어느 푸르른 경매장에 삼신 할매들 잔뜩 앉혀 두고서 이 아이를 누구 뱃속으로 보내면 좋을까요, 저들끼리 속닥거리고 있고 저기 저 단상 위 바구니 안에 덩그러니 내 아이가 손가락 빨며 혼자 누워 있는 걸 본다면.

"제가 할게요, 그 애 엄마."

망설이기야 하겠지만 이내 결심하고 결국 손을 번쩍 들고 말 것이다. 그러고는 그 애에게 속삭이겠지. 안녕? 그래도 널 다시 만나 기뻐.

그 애에게 최고의 엄마라거나 훌륭한 엄마가 될 자신은 (이번에도) 역시 없다. 하지만 그 아이를 세상 누구보다 사랑할 순 있을 것이다. 아니, 내가 아니면 누가? 누가 저 애를 나보다 더 사랑할 수 있겠어?

그러니까 아들러 당신, 그건 열등감이 아니라 우월감이었을지도 몰라요. 내가 저 아이를 누구보다 사랑할 수 있다는 확신을, 열등감으로는 도저히 설명할 수 없거든요.

나를 조금도

신경 쓰지 않는 상대를

사랑할 수 있는가?

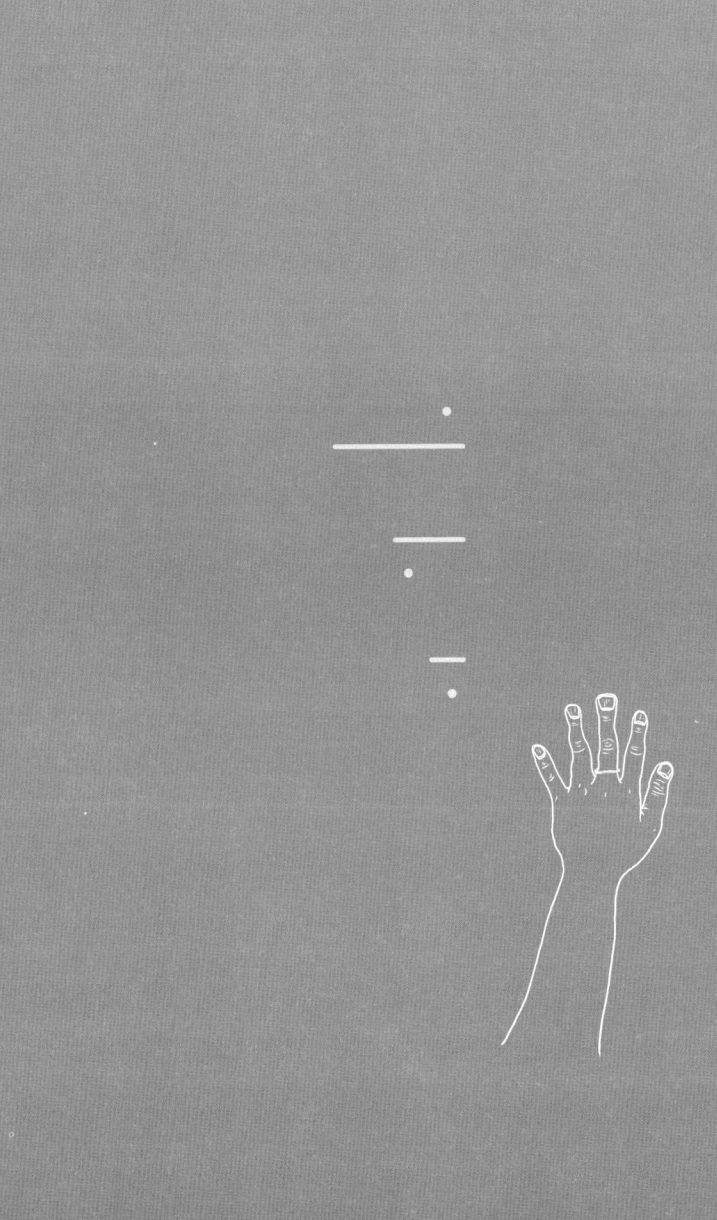

*

인간만큼 비위 맞춰 주기 힘든 동물도 세상에 없을 것이다.

너무 잘난 사람은 어떻게든 밑으로 끌어내리려 하고, 너무 못난 사람은 어떻게라도 좀 도와서 제대로 살게 해 주고 싶어 하니 이거 원.

'사랑한다'의 반대말은 '사랑하지 않는다'가 아니라 '사랑했었다'

★

'사랑한다'의 반대말은
'사랑하지 않는다'가 아니라
'사랑했었다'

        모든 것은 변한다는 세상의 진리는 관계에도 적용되어, 모든 관계가 변한다는 것도 또 하나의 진리다. 문제는 때때로 그걸 받아들이지 못하는 마음.
  인간은 관계가 내포하고 있는 변화 가능성을 마뜩잖아하는 경향이 있다. 그리하여 관계의 가변성을 최소화하는 데 총력을 기울여 왔다. 언제 어떻게 변할지 모를 관계를 최대한 변하지 못하도록 통제하려는 온갖 수를 생각해 낸 거다.

그 결과 관계에 이름을 붙이고(우리 무슨 사이야?) 그 이름을 특별하게 여기도록 종용하고(이제부터 너와 나는 단짝, 맞지?), 약속을 하고 각서를 쓰며 서로 법적인 관계가 되는 것도 마다하지 않는다. 절친, 연인, 부부, 의형제, 소울메이트. 피보다 진한 물. 1주년, 10주년, 30주년, 우정 여행, 가족 여행, 커플링, 기념사진, 온갖 동맹과 갖가지 무리 짓기.

  관계의 변화 가능성을 최대한 낮추는 방법 중 하나는 그 관계 형성 및 유지로 인한 이득을 강조하는 것이다. 친밀감과 소속감, 그로 인한 정서적 안정이나 즐거움을 경험하게 함으로써 대상이 그 관계를 더욱 소중하게 여기도록 만드는 전략. 그게 너무 좋고 행복해서, 변하지 않길 바라는 쪽으로 마음이 움직일 가능성에 기대 보는 거다. 거의 모든 '의도된 관계 체결'을 위해서는 이 전략이 적극 권장된다. 동일한 대상에의 믿음을 강조하는 종교 집단이나 일명 다단계로의 유입을 이끄는 건, 그래서 설득이 아니라 따뜻함이다. '걸려드는 이들'이 유독 소외되고 고립되어 인간의 손길이나 소통에 목마른 자들이라는 건 굳이 언급하지 않아도 될 것이다.

두 번째로 관계를 박탈했을 때의 손해를 강조하여 겁을 주는 작전이 있다. 관계 형성 및 유지로 인한 이득(베너핏)의 상실, 당연하게 누리던 특권이나 혜택의 소멸을 강조하며 협박하는 거다. 그러니까 나갈 생각 하지 마. 떠날 생각일랑 하덜덜 마! 그런데 이 작전으로 붙들어 매는 게 가능한 이들은 보통 배고파 본 적 있다는 점이 또 인상적이다. 소외되고 고립되어 본 적 있는 이들만이, 잃어 본 적 있는 이들만이, 굶주림의 공포를 아는 것이다(그러나 그 소외와 고립, 굶주림을 자진해 선택한 이는 없을 거라는 사실에서 역시, 삶은 불공평의 대향연이 되겠습니다).

하지만 아무리 둑으로 막아도 거대한 해일이 몰려오면 바닷물은 둑을 넘어 들어오고야 만다. 아무리 굶주림의 공포를 아는 이여도, 때론 자존심과 사랑이 밥을 먹여 주는 거라며 뭔가를 포기하고 돌아설 용기를 낸다. 그래서 만일 어떤 관계가 그럭저럭 쭉 지속되었거나 지속되고 있다면, 그건 '변하지 않고 계속된 사랑이나 우정' 때문이 아닐 확률이 매우 높다. 그런 건 오직, 지켜진 신의에 의해서 유지된다.

우리가 '관계'라고 부르는 것들을 잘 들여다 보면 거기엔 세 가지 구성요소가 있다. '나'와 '대상', 그리고 그 둘이 맺는 '관계'다. 이 요소들은 모두 밀접하게 연결되어 있는 동시에 독립적인 개별 존재다. 그러나 애석하게도 우리는 자주, 어쩌면 거의 언제나, 우주의 중심이 나 자신이라고 믿기에 이 셋 중 '나'를 가장 우위에 두는 착오를 범하고 있을 확률이 매우 높다. 나에게 나머지 둘에 대한 결정권과 영향력이 있다고 착각하는 거다. 우리가 주체적인 삶을 지향해야 한다는 측면에서 그 착각은 질타받을 일이 아니지만, 착각을 넘어 상대방이나 관계 자체를 자신이 진두지휘할 수 있다고 생각하는 것은 명백한 오만이다. 상대를 기분 좋게 하며 그에게 상을 주려는 것, 상대를 기분 나쁘게 하며 그에게 벌을 주려는 것 모두 상대방을 통제하고 그로써 '관계'의 성격을 조종하려 드는 통제욕의 발현인 것이다. 그리고 자신이 남 위에 설 수 있다고 믿는 순간(또는 남 밑에 설 수는 없다고 믿는 순간), 인간의 믿을 수 없는 광기가 시작된다.

  어디서 들었는지 기억도 안 나는, '사랑한다의 반대말은 사랑하지 않는다가 아니라 사랑했었다래'라는 말에 내가 유독 끌렸던 건 '사랑했었다'에 우리가 진짜로 이를 수 있는지 의문이 들었기 때문이다. 상대의 반응에 흔들리지 않고 상대와의 관계에 압도되거나 매몰될 일이란 절대 없는 그런 때가 정말 올까 싶은 거다. 그토록 사랑했던 이와 완벽한 타인이 된다는 게 정말 가능한 일이야?

　우리는 변할 걸 알면서도 사랑을 시작한다. 이런 나도, 그런 너도, 결국 변해 갈 걸 알면서도 사랑의 시작을 선택한다. 모든 것이 변할 수 있다는 것을 알면서도 이 사랑만은 변하지 않을 거라 그 순간만큼은 믿으며 기꺼이 사랑에 뛰어든다.

　그러나 사랑은 혼자 오지 않는다. 사랑을 시작할 때의 황홀함(어쩌자고 우리는 서로를 알아봤을까)은 이별할 때의 후회와 기막힘(우리가 왜 하필 그때 눈이 마주쳤을까)을 데리고 같이 온다. 사랑이 시작될 때의 떨림은 그 사랑이 끝났을 때의 눈물과 함께 심어지는 것이다. 다만, 이번만큼은 변하지 않으리라 믿으며 알고 있는 진리 하나를 모른 척할 수 있을 뿐이다.

　결국 이혼하게 되는 남녀의 이야기를 다룬 영화 〈결혼 이야기〉의 감독은 영화 제목을 뭐로 할지 끝까지 고민했을 거다. 그걸 '사랑 이야기'라고 해야 하는 거 아닌가 싶어서. 어쩌면 '사는 이야기'가 맞지 않나 싶어서.

*

죽고 싶을 땐 죽었다고 상상하는 것이 도움이 된다. 생전에 좋아했던 음식들을 그림의 떡으로만 접해야 할 그때를 떠올려 보자.

- 매일유업 바리스타 로어슈거 맛으로 2개(1개는 살짝 아쉬움)
- 동서식품 맥심 모카골드 마일드 2봉지(물은 조금만)
- 전병과자(김맛, 생강맛)
- 바게트 또는 깡빠뉴 종류 하나(효모향 진하게 나는)
- 즉석 떡볶이(다 먹고 밥 볶기 필수)
- 전주 초코파이, 삼립 밤만쥬, 롯데 초코빵빠레
- 오징어볶음(낙지볶음으로 대체 가능)
- 두부 크게 썰어 넣은 된장찌개(청국장으로 대체 가능)
- 멸치국수와 김밥 한 줄(둘 중 하나만 먹으면 섭섭하다)
- 생라면(수프는 1/4만 투하)

자, 이제 이 음식들 중 하나를 당장 먹어 봅시다.
어때, 맛있지 않소? 살아 있어 좋지 않소?

두려우니까 맞서는 거다, 두렵지 않다면 그냥 서면 되니까

★

두려우니까 맞서는 거다,
두렵지 않다면 그냥 서면 되니까

서울 강남구에 있는 중동고등학교 3학년 선배들의 수능 대박을 기원하며 후배들이 단체로 응원가를 부르는 영상을 넋 놓고 보았다. 대열에 맞춰 서서 목청껏 구호를 외치는 것도 모자라 발을 딱딱 구르고 박수까지 치느라 온몸의 기운을 다 빼고 있는 애들을 보면서 저렇게 에너지를 쏟고도 뒤돌아서면 장난치고 편의점 가고 학원 가는 건가 싶어 아, 저것이 바로 혈기로구나 했다.

응원가에 이런 가사가 있다.

'인생은 한 번뿐 모든 걸 걸고 두려워하지 말고 맞서 봐.'

이런 독려의 메시지를 접할 때면 상기되곤 했다. 끝내 이기리라, 그런 마음가짐이 곧잘 생겼더랬다. 그런데 요즘은 말 한마디에 즉각 반응이 오던 내 마음이야말로 혈기였구나 싶다. 미래를 향해 있던, 더 나아가려는, 바깥으로 열려 있는 마음.

나를 거뜬히 흔들던 그것들이 과연 무엇이었는지 이젠 잘 모르겠다. 요즘은 어지간해선 마음이 동하질 않는다. 모든 걸 걸고 두려워하지 말고 맞선다니… 역시 그건 너무 무리하는 거 아닌가 싶다. 모든 걸 걸고 맞서야 할 정도의 두려움이라면, 맞서지 않고 우회할 방법을 생각해 봐야 하는 거 아닌가 싶다. 말을 바꾸거나 물러서는 것이 모양이 좀 빠지긴 해도, 방법은 방법이라고.

좋아하는 사람과 있을 때 억지로 웃을 필요가 없듯, 두렵지 않다면 굳이 긴장하며 맞서는 태세를 갖출 이유가 없다.

애초에 두려우니까 맞서는 거다. 두렵지 않다면 그냥 서면 되니까.

우리가 하는 말들 중에는 이처럼 억지스러운 것들이 있다. 거기에는 명언, 잠언으로 불리며 세기에 걸쳐 회자되는 표현들도 포함된다. 실천이 쉬웠다면, 이렇게 퍼졌을 리가 없다.

  자기 자신을 아는 것이 그리 쉬웠으면 '너 자신을 알라'는 말이 이렇게까지 오래 전해졌을까? 다들 자신을 아는 데 실패했으므로, 자신을 아는 것을 계속 목표로 삼을 수 있는 거다. 그렇다면 언제 어디서나 불만이 가득하고 누구에게서나 부족하고 아쉬운 점을 먼저 찾아내는 데 탁월한 능력을 지닌, 히스테릭하기가 이루 말할 수 없는 어떤 이의 카톡 상태 메시지에 '하루하루 감사하자'라고 적혀 있었던 것은 역시 놀라운 일이 아니었다. 나태주 시인의 시 〈풀꽃〉에 나오는 "오래 보아야 사랑스럽다 너도 그렇다"라는 문장이 광화문 교보빌딩의 커다란 현수막에 걸려 있었을 때 내가 감동했던 것은, 그때 마음속에 아무리 보아도 도저히 사랑스러운 구석이라고는 없는 누군가가 떠올랐을 확률이 높다(혹은 나 자신을 누군가 그렇게 생각해 주기를 바라고 있었거나).

  나 역시 도저히 이룰 수 없을 것만 같으나 언젠가는 닿을 수 있길 바라는 꿈의 상태를 눈에 띄는 여기저기 붙여 두고 산다. 가장 많이 되뇌는 말은 알베르 카뮈의 〈시지프 신화〉에 나온 표현이다. 덧없는 동시에 둘도 없는 것임을.

덧없는 동시에 둘도 없는 것이 나의 인생이니 과거와 미래에 매이지 말고 오직 현재를 살며 찬란한 오늘 하루를 잘 살아 내고 싶지만 그게 죽어도 안 되길래 몇 년째 카톡상태메시지로 해 두고 사는 말이다. 인생이 뜻대로 안 되어 속상해 죽겠어서. 이거 하나 뜻대로 된다고 내 인생이 뭐가 달라지나 싶어 허무해 죽겠어서(참고로 이 정도로 되뇌는데도 안 되는 거라면, 죽을 때까지 안 될 것이라 조심스레 예상하고 있다…).

여기까지 생각하면 불가능에 맞서 싸우는, 이미 불가능하다는 견적이 대충 나왔는데도 끝내 이기려는 마음을 먹는 인간(스스로)의 마음에 감동받지 아니할 수 없다. 포기하지 않고 '덧없는 동시에 둘도 없는' 하루를 잘 살아 내려고 오늘도 마음먹어 보는 이 정성은 역시 인생을 사랑하는 태도, 어떻게든 균형을 잡고 쓰러지지 않으려는 끈기와 뚝심으로 해석해 볼 수도 있겠다.

맞서고 포기하고가 중요한 게 아니고. 예쁘게 보거나 도저히 예쁘게 볼 수 없다는 게 핵심이 아니고. 감사하느냐 마느냐가 문제가 아닌. 한쪽으로 치우친다 싶으면 그 기울기를 다시 평평하게 만들려는 균형을 향한 집념. 그 의지가 정말 소중한 게 아닌가 싶은 거다.

그러니 오늘도 이 말을 힘껏 외치고 하루를 시작하자. 덧없는 동시에 둘도 없는 것임을(5초 뒤에 바로 인생이 허무해지더라도. 5분 뒤에 이 생이 너무 소중해 미쳐 버릴 것 같아진다 해도).

*

내가 일방적으로 양보하거나 희생했다는 판단, 내가 참는 수밖에 없다고 최종적으로 결론짓는 것은 그 상황을 일단 지나가게 해 줄지 몰라도 결국엔 일을 크게 만든다. 남 탓과 원망은 사람을 집요하고 억척스럽게 만들며, 어떤 식으로든 보상받으려는 심산은 만족을 모르는 억울함이 되기 쉽다.

그러니 마음을 고쳐먹는 수밖에 답이 없다. 선택의 이유가 된 것을 존중하고서 완전히 끌어안는 수밖에.

관계를 통제하려는 마음

*

관계를 통제하려는
마음

　　　　톨스토이의 《안나 카레리나》의 첫 문장 '행복한 가정은 모두 엇비슷하고 불행한 가정은 불행한 이유가 제각기 다르다'는 명제는 관계에도 완벽하게 들어맞는다. 살면서 경험한 좋은 관계는 모두 엇비슷했고 틀어진 관계는 틀어진 이유가 제각기 다르다.

　내게 관계의 틀어짐을 처음 느끼게 한 사람은 누구였을까? 역시 엄마였을까? 아니면 아빠, 어쩌면 오빠가 그걸 해

냈을지도 모른다.

  아기들은 너무 작고 연약해서 누구에게도 위협적인 존재가 못 된다. 바닥에 덩그러니 누워서는 끽해야 우는 것밖에 할 줄 모르는 아이들은 심지어 이도 없어 매끈한 잇몸을 다 드러내고 있다. 이 하나 없어 뭘 깨물지도 못하는 그 갓난이들에게 두려움과 공포를 느끼는 사람은 없다. 꼬물거림과 찡그림, 맑은 눈동자까지도 너무 만만하기만 하다. 인간에게 관계를 맺으려는 유전자가 있을 수밖에 없는 이유는 여기에 있다. 누구나 공통적으로 혼자의 힘으로는 생존할 수 없는 시절을 거친다는 것.

  그래서 우리는 때로 관계를 움켜쥐고 어쩔 줄 모르는 것 아닐까. 자기 스스로는 아무것도 할 수 없다며 타인의 도움을 기대하고 기다리면서(그래서 또 실망하고 원망하면서). 또 타인에게 도움을 주며 제 삶의 의미를 일일이 확인하려 들면서(그래서 부족하거나 못 미친다 여기면서).

  어떠한 목적도 없는 무목적성의 관계를 맺을 수 있게 되는 때는 그로부터 아주아주 오랜 시간이 흐른 뒤에야 온다. 어떤 이에게는 그런 관계의 체험이 평생 오지 않을 수도 있다. 정확히 말하자면, 어떤 이들은 그걸 바라지도 않는다.

★★★

　대학원에서 상담심리를 배울 때 내 호기심을 자극한 이론은 '대상관계 이론'이었다. 주양육자와의 관계경험, 그러니까 인간이 태어나 처음 맺은 관계가 한 사람의 전 생애에 영향을 미친다는 주장. 우리는 주양육자와 맺었던 관계를 마음속에 하나의 원형으로 새기고 그걸 반복하며 사람들과 관계를 맺으며 살아간다는 거다. 그 관계가 마음에 들든 아니든, 그 관계에서 벗어나고 싶었든 아니든 상관없이.

　주양육자, 대부분은 엄마인 그 보편적 대상을 원망하기 쉬워지는 대목이다. 엄마를 미워할 근거를 찾고 싶을 때 매우 유용한 이론이다. 경험을 해 봤다는 것, 역시 그건 무서운 일이 맞다. 내 몸과 마음에 무언가를 허용하는, 허락하는 일이니까.

　그런데 그러한 '불가항력적 운명'에 대해 쭉 설명하던 이론이 새로운 관점을 제안한다. 이론에 의하면, 인간이 관계 안에서 자신의 자아를 발달시켜 가는 과정의 필수 요소 중 하나가 '좌절'이다. 나를 향한 상대의 변하지 않는 사랑에 대한 좌절이, 그 믿음의 무너짐이, 어떤 신뢰로 이어지는 문이라는 얘기. 대상항상성object constancy은 대상(보통은 주 양육자인 엄마)이 눈 앞에 보이거나 보이지 않거나 마음 안에 일관된 상으로 그릴 수 있는 능력이다. 이 능력을 키우려면 만만치 않은 시간을 견뎌 내야 한다. 대상이 자신을 바라보고 지켜 주며 확실히 사랑해 주는 시간뿐 아니라, 그가 나를 바라보지 않고 그가 나를 어떻게 느끼는지 확인할 방법이 없는 시간을 겪어 내야 하는 거다. 비록 보이지 않더라도 그는 나를 지켜 주고 있을 거라고. 어디선가 나를 보고 있을 것이며 언제나 한결같이 나의 평안과 행복을 바랄 거라고.

그 가슴 저미는 뭉클함이 한 사람 안에 자리하려면, 그러니까 수없이 좌절해야 한다. 그가 내 앞에 없을 때의 불안(나는 이제 어떻게 되는 거지?)을, 의심(그가 나를 버리려는 거 아닐까?)과 두려움(나를 버리고 간 거면 어쩌지?)을 견뎌 내야만 우리는 어떤 대상 하나를 마음 안에 그릴 수 있고, 그 대상 앞의 자신을 떠올릴 수 있게 된다. 나는 끝내 증명될 수 없을 이 이론에 대해 읽으며 어느 과학법칙 하나를 배운 듯 고개를 끄덕였다.

사랑받은 경험만이 전부가 아니라는 말. 타인이 나를 믿어 주고 사랑해 주고 존중하며 지지해 주는지의 여부에 따라 나의 자존감과 인간관이 결정되는 듯한 수동성의 영역이, 한 사람의 전부를 만들어 낼 순 없다는 얘기가 솔깃하다. 자신의 '수동적 위치'를 깨닫고 관계 안에서 타인과 나눌 수 있는 것들의 정체와 한계를 똑똑히 바라볼수록, 오히려 내가 단단해지고 커질 수 있다는 이야기. 그것은 꼭, 용서와도 닮아 있는 듯하다.

내가 어쩔 수 없었던 것들만큼이나 어쩔 수 없었을 당신의 것들. 그것들을 바라볼 수 있게 되면서 오히려 점점 더 뚜렷해지는, 관계를 이루고 있던 실체의 형상들. 당신도, 나처럼 완벽하지 않았을 뿐이라는. 꼭 나처럼 완전하지 않았을 뿐이라는.

한 사람에게서 언제나 변함없는 지지와 공감을 평생 받을 수 있다는 믿음은 터무니없다. 살면서 늘 당당했고 누구에게도 휘둘리지 않았으며 모든 관계를 주체적으로 진두지휘했다는 이야기는, 신데렐라가 오래오래 행복하게 살았다는 결말만큼이나 '절대 있을 수 없는 이야기'다. 이상적인데다 환상적이기까지 한 부모나 배우자, 친구를 만나지 못한 것을 아쉬워하거나 비참해하기에는 당장 논리적으로 말이 안 된다는 말이다. 그 사람은 존재하지 않는다. 그 사랑은 존재하지 않는다.

그렇다면 틀어진 관계란 처음부터 없었을지도 모른다. 틀어졌다는 판단과 그를 근거로 마음에 품어 보는 악의나 낙담의 기원은, 어쩌면 관계가 틀어지지 않고 '곧아야 했다'는 내 교만과 무지에서 기인한 고정관념일 수도 있다. 그러나 그때 내가 그토록 교만하고 무지했기에, 어떻게 해도 수정되지 않아 괴로웠던 그 고정관념에 내 시야를 완전히 내어 준 어리석고 안타까운 시절이 있었기에, 지금의 내가 되었다.

★

길가에 핀 꽃들을 가만히 들여다보니 분명 한줄기에서 난 봉오리들 인데도 각자 다른 속도로 피어 있다. 그렇게 제각각 피어 있는 꽃들을 보니 이런 질문이 떠오른다. 삶이 행복하거나 의미(라도) 있어야 한다고 믿는 종은 이 세상에 우리 인간뿐이지 않을까?

내가 좋아해 놓고 시치미 뗀다

*

내가 좋아해 놓고
시치미 뗀다

　　　　　　나는 지하철역 출구 쪽에 있는 커다란 결혼정
보회사 광고를 볼 때마다 혀를 끌끌 차며 지나간다. 인간에
게 인간을 소개하는 어마어마한 과오를 저지르고 있는 그
들의 행태를 그냥 보고만 있을 수가 없다. 결혼 성사가 불러
올 두 개인의 정신쇠약을 도대체 어떻게 보상할 텐가?
　나 하나 감당하기도 버거운 게 인생이다. 근데 더블이라
니요? 다들 아시겠지만 수학의 사칙연산과 사람의 사칙연

산은 그 법칙이 다르게 적용되는 터라 1 더하기 1은 2가 아닙니다. 최소 3이며 경우에 따라서는 그 값이 7 혹은 50까지도 증폭될 수 있다. 명백한 긁어 부스럼이 아닐 수 없다.

직간접적으로 들은 세상의 모든 주례사에 있었던 '불행이 닥쳐왔을 때 함께 헤쳐 나가라'는 말을 나는 왜 간과했던가? 그러고 보니 행복하게 잘 살라는 주례사는 별로 없었다. 하나같이 태풍이 불어와도 행복해지도록 노력하라는 뉘앙스였던 것 같단 말이지.

안타깝게도 내가 그 주례사를 이해한 날은 예쁜 드레스 입고 활짝 웃던 내 결혼식 날이 아니라 지금 당장 이 사람 곁을 떠나고 싶다는 생각밖엔 들지 않던 슬픈 밤이었다.

광고판의 위치도 불만이다. 왜 하필 지상으로 나가는 출입구 가장 가까운 쪽에 저 몹쓸 광고가 커다랗게 붙어 있어야 한단 말인가? 집으로 돌아가는 퇴근길에 무심코 마주친 광고에서 '마침내 나의 반쪽을 찾아 안도한 얼굴'을 하고 있는 남녀의 표정을 보고 그날 유독 고단한 하루를 보낸 누군가가 마음에 망상의 불씨(혹시 나도 결혼만 하면 여생을 저 표정으로 살 수 있지 않을까?)라도 품기 시작하면 어쩌려고요?

이것이야말로 가스라이팅이며 책임져 주지 않는 유혹의 손길이로다(심지어 광고 속 저 남녀는 저 광고 촬영날에 처음 만난 사이일 텐데? 그들이 진짜 부부였다면 얼굴이 저렇게 해맑을 수는 없다. 서로를 향하는 눈빛에 회한이 빠져 있다니, 저들이 진짜 부부일 리는 없는 것이다).

오랜 친구 하나는 결혼에 대해 이런 의견을 내놓았다. "결혼 제도를 여권처럼 갱신제로 운영해야 해. 10년 뒤 양쪽 모두 갱신에 동의할 경우에만 다시 10년간의 결혼 생활을 보장받는 거지. 어느 한쪽이라도 반대할 시엔 자동 이혼이 되는 거고."

결혼에 대한 내 생각이 이러하니, TV 프로그램에 나와 결혼하고 싶다는 포부를 밝히는 이들을 보며 내가 어떤 표정을 지을지는 굳이 설명하지 않아도 될 것이다. 아니, 안 해 본 분은 그럴 수 있다고 칩시다. 나도 그랬으니까요. 근데 해 본 분들이 또 하겠다고 나서는 건 어떻게 된 일이죠? 아니, 그걸 해 보고도 진짜 모르는 거예요?

내가 이토록 결혼 제도에 열을 올리는 이유는 '그렇다고' 아이 낳은 것을 후회할 수는 없기 때문이다. 숨 쉬는 존재를 내 뱃속에 품는다는 건, 그 조그만 존재를 세상에 툭 낳아 버린다는 건 그런 거였다. 그리고 이때 전위displacement란 '진실을 마주하기 두려워 벌벌 떠는 겁쟁이'로 보이게 할지는 몰라도 그 순간 그 사람이 가장 두려워하는 것으로부터는 잠시나마 확실히 구해 준다. 나는 출산이 아닌 결혼을 후회하기로 한다(아, 물론 그렇다고 결혼한 거 후회하지 않는다는 얘기는 아님).

그런데 작년 봄 놀라운 소식 하나를 접했다. 글쎄, 내가 아이를 간절히 원했었다는 거다. 그 황당한 증거를 갖고 있는 사람은 11년 만에 만난 명진 언니였다. 두 번째 책을 내고 만난 언니는 예전에 우리가 주고받았던 메일 속 내 모습을 가차없이 소환해 냈다.

메일 속 11년 전의 나는 길거리의 유아차 밀고 다니는 애 엄마들을 부러워했다고 한다. 말도 안 돼! 다들 때 되면 하는 임신이 왜 나만 안 되는 건지 속상해했다는 거다. 거짓말!

나는 사실을 부정해 보지만 순간 또렷하게 기억나는 장면 하나. 혼자 약국에서 임신 테스트기를 사서 화장실에 들어가 오줌을 누기 시작할 때의 내 호흡. 그 긴장감이 떠올랐다. 테스트기의 대조선과 검사선 두 선이 앞서거니 뒤서거니 물들기 시작할 때 심장이 터져나갈 듯 쿵쾅거리던 순간이 선명하게 떠올랐다.

 아, 아… 그래서… 그럼 내 인생은 결국 이렇게 될 수밖에 없었겠….

***

 이제 나는 지하철이나 버스에서 만나는 결혼정보회사 광고 앞에서 수고로이 혀를 차지 않는다. 결혼정보회사 홈페이지를 기웃거리는 사람들을 한심해하고 낮춰 보는 일, 더 이상 하지 않는다. 그들을 안타까워하며 가르치려 드는 마음, 이제 없다.

 대신 그들을 위한 기도를 시작한다. 가만히 있었다면 최악은 면했을 텐데 제 발로 결혼정보회사에 가입했던 자신의 선택이 후회스러운 날이 오거든, 평범해 보이는 삶 속으로 자신을 밀어 넣어 보고 싶었던 스스로를 안아 주기를. 나쁜 기억은 나쁜 기억이고 좋은 기억은 좋은 기억일 뿐이니 그 둘을 섞어 합계 내려고 하지 말기를.

 남편이 회사에서 결혼 답례품으로 뭔가 받아 오면 일단

비웃던 것도 멈추겠습니다. '행복하게 잘 살겠습니다'라고 적힌 글귀 읽으며 '그게 그렇게 뜻대로는 안 될 것이다'라며 비아냥거리는 짓도 그만하겠습니다. 대신 고민 끝에 골랐을 답례품 맛있게 먹으며 그대들의 평안과 행복을 빌겠어요. 앗, 호두과자를 하나만 먹으려다 다 먹어 버렸네요?

이상, 어느 지나가는 비혼주의 기혼자의 고백이었습니다.

*

아이와 같은 공간에 있을 때면 과도한 통제욕구와 책임감의 콜라보로 크게 긴장하여 아무리 피곤해도 잠에 들지 못한다. 그때 유일하게 잠드는 방법이 바로 아이를 안고 그냥 누워 버리는 거다.

에라 모르겠다, 배 위에 애를 얹어 샌드위치처럼 마주 안으면 내 옷을 쪽쪽 빠는 아이의 고른 호흡이 귀에 닿는다. 그러면 조금 있다 내가 잠들어 버린다.

태풍의 눈은 정말 무풍지대가 맞았다. 때로는 정면 돌파가 답일 때가 있다.

MBTI를 묻는 건, 너를 이해할 기회를 달라는 말

*

MBTI를 묻는 건,
너를 이해할 기회를 달라는 말

아무리 독한 위스키도 인간이 자신에게 취해 있는 정도로 도수가 높을 순 없을 것이다.

그래서 MBTI 성격검사가 대중적으로 유행할 순 없을 거라 생각했다. 심리테스트 같은 것이 유행하려면 검사 결과에 대한 관심이 자신의 것에만 향해 있지 않고 타인의 것에도 이르러야 하는데(넌 결과 뭐 나왔어?) 그러기엔 MBTI의 항목이 다소 복잡하다 느껴졌기 때문이다.

결괏값만 무려 16개다. 그 16개의 결괏값이 설명하는 사람의 성격 요소가 4개나 되는 데다 각 요소는 서로 반대되는 성향 2개로 나뉜다. 즉 8개의 개념을 알아야 결괏값에 나와 있는 각 알파벳이 무얼 말하는지 알아들을 수 있다. 너무 많다. 널리 퍼지려면 뭐든 쉬워야 한다. 결괏값이 겨우 4개뿐인 혈액형에 따른 성격 '추정' 놀이와는 판의 크기부터가 영 다른 거다. B형은 성질이 더럽고 A형은 소심하며 AB형은 좀 특이하며 O형은 성격이 온순하다는, 놀라울 정도의 간단명료함이 있어야 대중적으로 퍼지는 것이 가능하다.

반면 이 MBTI 검사는 복잡하고 어려운데다 변화 가능성까지 내포하고 있는데도 사람들에게 놀라운 관심과 사랑을 받았다. 검사자와 검사 대상자가 동일한 이 검사는 할 때마다 다른 결과가 나올 수도 있는 자기보고식 검사로, 마음만 먹으면 결과를 바꿀 수 있다.

그런데 값이 변할 걸 알고도, 그 값을 검사자가 조종할 수 있다는 것도 알면서, 이렇게 퍼진다? 변화 가능성은 어떻게든 차단해 두려는 인간의 성질을 생각하면 갸웃할 만한 일이다.

최근 MBTI 검사를 했더니 INFP가 나왔는데 이 유형의 사람들은 '잔 다르크형'이라고 했다. 그런데 예전에는 ENFP가 나왔다. 이로써 나는 톡톡 튀는 '스파크형'의 과거를 가진 잔다르크가 되었다. 그렇다면 어느 날의 나는 다시 ENFP가 될 수도 있을 것이다. 지금은 오는 전화 안 받고 먼저 안부 안 묻고 사람 안 만나고 했더니 전화 한 통 올 일 없고 소문이란 소문은 가장 늦게 듣는 외톨이가 되었지만 이러다가 갑자기 스파크가 튈 수도 있단 얘기다. 만일 즉흥적인 성향을 좀 고치고 싶어 계획적인 삶을 실천하는 중에 검사를 했다가 INFJ가 나오면 나는 갑자기 '예언자'가 되고 직관적으로 상황 판단 하는 걸 좀 줄이려고 노력하다 ISFP가 나오면 즉시 '성인군자'가 되고 말 것이다.

　이쯤되면 이 검사의 개발 목적은 '당신은 당신이 원하는 모든 것이 될 수 있어요'라는 말을 전하는 게 아닐까 예상해 볼 수 있겠다. 변화 가능성을 믿어주는 것. 지금 현재의 모습이 그 사람의 전부가 아니고 얼마든지 변할 수 있다는 가능성을 믿어 주는 것. 사람들이 이 검사를 사랑하는 건 어쩌면 변할 수도 있는 나와 변할 수도 있는 너를 '믿어 주고 싶어서'가 아닐까? 나는 INFP인 동시에 ESTJ이다.

★★★

 세상에는 수많은 심리검사가 있는데 상담대학원에서 배우는 대부분의 검사는 사람의 이상 행동을 분별해 내고 정신장애 정도를 측정하기 위해 사용된다. 이상할 수 있다는 가능성을 염두에 두고, 그 정도를 측정하고 치료나 약물처방 등을 위해 실시하는 검사들. 그런데 대학원에서 공부할 때 사용했던 심리검사 교재 안에 MBTI 검사는 없었다. 이렇게 유명한 검사가 왜 없는지 처음엔 의아했는데 생각해 보니 당연했다. MBTI 검사로 나올 수 있는 16개의 성격유형 중 그 어느 것도 병리적이지 않기 때문이다. 그 결괏값에 옳고 그름이나 합격 불합격, 우열 같은 개념은 전혀 없다.

 MBTI 성격검사는 문제를 알아보기 위해 시행하는 검사가 아니다. 문제가 있는, 혹은 문제가 될 수 있는 성격유형을 '골라내고' 그걸 '고치기 위해' 시행하는 검사가 아니라 그저 현상을 알고 싶어 시행하는 검사인 거다. 지금 그 사람이 가장 편안하게 삶을 해석하고 느끼고 실천하는 에너지 운용 방식을 알고 싶을 뿐인 거다. 그렇다면 그걸 알고자 하는 이유는?

MBTI 성격검사의 8가지 성격요소(I와 E, N과 S, F와 T, P와 J)를 우리는 모두 가지고 있다. 마치 상반되는 듯 극단적인 성향으로 나누어 놓았지만 검사 결과지의 양 극단은 하나의 선으로 이어져 있다. 그리고 그걸 알기에, 사람들은 서로의 MBTI 타입을 물을 수 있으며 자신의 타입이 무엇인지도 선뜻 이야기해 주는 걸 거다. 성격유형이라는 것이 한 사람을 정의할 수 없음을 서로가 알기에.

이 검사의 개발자인 마이어스와 브릭스는 어쩌면 사람의 성격이란 상황과 사정에 따라 얼마든지 달라질 수 있음을 말하기 위해 이걸 만들었는지도 모른다. 극과 극은 서로 연결되어 있고, 우리는 언제든 극단을 오갈 수 있는 존재임을 설파하기 위해. 그러니 사람을 규정하며 분별하기보다 그 사람이 완전히 다른 모습일 수도 있었음을 가늠해 보길 바라는 마음에서. 그 다정함과 친절함을 타인과 자기 자신에게 베풀어 줄 수 있기를 소망하면서.

그러니까 MBTI 검사 성격유형을 묻는 질문은, 너를 이해할 기회를 달라는 말이 된다.

P. S. MBTI 성격검사 활용 꿀팁: '너 T야?', '혹시 T세요?'

는 자신의 기분이 상했음을 타인에게 즉시 드러내고 싶을 때 유용하다.

　마음 상할 일이 있어도 그걸 말하지 않고 일단은 넘어가 주는 것을 미덕으로 생각하도록 가스라이팅 당해 왔으며, 말싸움이나 격렬한 논쟁은 무식하며 미성숙한 사람들이나 하는 짓이라 여겨지는 문화에서 자란 이들은 위의 표현을 적극 활용해 보자.
　이때 상대방이 F인지 T인지는 하나도 중요하지 않다. 이 질문의 목적은 오직 상대를 나무라는 데 있기 때문이다. 관계를 훼손할지도 모를 서운한 감정을 즉시 드러내어 어떻게든 상대방에게 말이나 행동에 변화를 줄 것을 요청해 보는 거다.
　서운함이나 당황스러움을 어떻게 상대방에게 드러내 건강하게 해소시킬 수 있는지 가르쳐 주는 곳 없는 척박한 우리나라의 고백 문화에 구원자가 나타났다.

*

내 안에 누구누구가 모여 사는지 안다. 내가 되고 싶었던 나와 내가 되어야 할 것 같았던 나. 호칭을 뭐라고 해야 할지도 모를, 본 적 없는 이들의 그림자까지도.
그걸 늘 생각하기만 한다면, 나는 왠지 지금보다 훨씬 너그러운 사람이 될 수 있을 것 같다. 내 안에 이런 복잡한 사연이 있듯이, 당신도 그럴 수 있음을 모른 척할 수 없을 것이기에.

순서를 뒤집을 수는 없기에

★

순서를
뒤집을 수는 없기에

　　　　　우리 집 거실 벽에는 '학력우수상' 상장이 붙어 있다. 올해 초등학교 6학년인 아이가 2학년을 마쳤을 때 학교에서 받아 온 상장이다. 상장 하단에 빨간 직인이 커다랗게 찍혀 있고 상장 테두리는 금박으로 처리되어 빛을 받으면 순간 빛나기도 하는 게 꽤 그럴듯하다.

　상장의 글귀 전문을 옮겨 보겠다. "제 2021-95호. 표창장. 학력우수상. 초등학교 과정 2학년 1반 권명준. 위 학생은 평소 학업성적이 우수하여 다른 학생의 모범이 되므로 이를 표창합니다. 2022년 2월 22일. XX 학교장 XXX."

 시험 한 번 치른 적 없는 아이다. 두 팔을 뻗어 뭘 잡거나 집고 다시 당겨 오는 동작을 할 수 없으니 이 상장을 담임선생님으로부터 받아 든 것도 나였다.

 학교가 내게 농담을 걸어오는 건지 뭔지 알 수 없었다. 상장을 건네는 담임선생님도, 아이의 상장을 대신 받는 나도 조금은 멋쩍고 어색하게 웃었다.

 상장의 표제가 '아름다운 웃음상'이었다면 맞아요 선생님, 우리 명준이 웃을 때 진짜 예쁘죠, 말했을 거다. '구구단을 너무 사랑해서 받는 상'이라고 적혀 있었다면 얘 구구단 정말 좋아하죠, 맞장구쳤을 것이다. 요즘은 광고 말미에 1588로 시작하는 업체 대표 전화번호라도 나오면 까무러치게 좋아한다는 에피소드까지 더했을 거다. 그런데 학력우수상이라니.

 애 이름이 박혀 있는 종이를 버리기는 뭐해서 대충 화장대 위에 올려 두고 오후에 수영을 다녀오니 장애인 활동 보조 선생님(이하 활보쌤)이 상장을 마스킹 테이프로 거실 벽에 붙여 놓으셨다. 그걸 보고 급히 변명할 거리라도 있다는 듯 주춤거리고 있는데 활보쌤이 말한다.

"아니 명준이 엄마, 왜 애가 받아온 상장을 아무 데나 놔둬요!"

에?

"초등학교까지는 애 성적표가 엄마 성적표야!"

에?

나는 그녀의 진지함에 당황했다. 그녀가 지금 내게 농담을 걸어오는 건지 뭔지 알 수 없었다.

"명준이, 아주 잘했어!" 그때 그녀가 거실에 누워 있는 명준을 칭찬했다.

아이를 대견하게 생각하는 일, 그건 내게 낯선 일이다. 내가 아이에게 느끼는 건 오히려 경이로움에 가까운 감정이다. 살아 낸 것에 대한, 말없이 이 모든 것을 견디고 있는 것에 대한, 앞으로 나아지거나 달라질 수 있는 가능성과 무관하게 라디오 속 광고에 귀 기울이고 까무러치게 좋아할 수 있는 존재에 대한 경외심이다.

하여 보통의 부모가 아이에게 할 만한 말들이 내 입에는 영 붙지 않았다. 영 어색하다. 그렇게 나는 이렇게까지 이 아이를 아프게 한 죄인이 되거나 이렇게까지 아픈 아이를 내다 버리지 않고 사랑으로 돌보는 성녀 중 하나가 된다.

 그냥 살아가는 일. 그건 대체 뭘까? 그런 건 어떻게 시작할 수 있는 걸까?

 스페인의 화가 디에고 벨라스케스가 1645년에 그렸다는 궁정의 난쟁이 초상화를 보았다.

 '바닥에 앉아 있는 난쟁이' 그림이 특별한 건, 벨라스케스가 그 난쟁이를 있는 그대로 그렸기 때문이라고 했다. 궁정에 살던 난쟁이들은 거의 살아 있는 장난감 대우를 받던 시대적 상황을 떠올리면 그 삶의 처절함이 짐작조차 되지 않는다. 그런데 벨라스케스가 그 난쟁이의 고달픔이 고스란히 드러나도록 그림을 그려 버린 거다. 당시에는 체구에 맞게 인물의 연령을 낮춰 어린아이처럼 그리거나 희화화하는 일이 흔했다고 하니, 벨라스케스의 시선은 당시에도 남다르게 평가됐을 만하다.

 그림을 보면, 화가가 자신 앞의 광대를 '어떻게 보이게' 그려내겠다고 다짐하거나 그림을 가지고 '뭘 어쩌려는' 작정을 하지 않았음을 알 수 있다. 그는 다만 보이는 대로, 있는 그대로를 그려 냈을 뿐이다. 400여년 된 그림을 보며 내가 울컥했던 이유는 거기 있을 것이다. 조롱이나 미화 없이 그저 존재하는 그대로의 모습을 정직하게 그려낸 그 그림에는 어떤 연민도, 의도도 없어 보였다.

언제나 아이의 장애를 조금은 불편해하고 때론 혐오하느라 아이와 있을 때 느껴지는 즐거움이나 사랑을 온전히 받아들이지 못하던 내가 닿을 수 있는 유일한 곳을 그 그림이 말해 주었다. 내 운명을 완전히 내치지도, 온전히 끌어안지도 못하는 내 앞에 벨라스케스가 그려 낸 건 존엄이었다.

★★★

하루는 활보쌤이 명준이가 소변을 가릴 수 있을 거라 주장했다. 그녀가 근거로 댄 것은 아이의 반복되는 행동. 일단 다리에 힘을 세게 주며 다리를 쫙 뻗은 다음 소변을 보는 것 같으니 다리를 뻗기 시작할 때 소변통을 대 주면 소변을 받을 수 있지 않겠냐는 것이 그녀의 제안.

이튿날 수영을 하고 집에 돌아오니, 투명한 빈 우유 통에 노란 오줌이 70ml쯤 담겨 있었다. 순간 나는 이 아이를 위해 내가 뭔가 해 줄 수 있는 것이 남아 있다는 사실에서 오는 희망과 기쁨을 느끼는 동시에, 고작 이 정도의 일이 내가 기대할 수 있는 유일한 희망과 기쁨이라는 확인 사살에서 오는 실망과 절망을 느꼈다. 그리고 대단치도 않은 저 일을 해내기 위해 가뜩이나 숨이 턱까지 찬 상황에서 고개를 더 뒤로 젖혀 기도를 활짝 열고 살아야 하는 건가 싶어 피곤하기만 하다. 반갑지 않았다.

　그런데 그때, 활보쌤이 이렇게 말했다.

"기저귀를 차고 있으면 얼마나 더워. 곧 여름이잖아."

　그녀는 자신의 세 자녀 모두가 소변을 가리는 걸 지켜본 엄마이기도 했으니 제 아이들에게 가르쳤던 '화장실 교육'을 내 아이에게 똑같이 시킬 순 없다는 것을 당연히 알았을 것이다. 그렇다면 활보쌤과 나의 차이는 어디에서 왔는가? 그 질문은 내게 '할 일이 너무 많다'는 것 이상의 대답을 요구하고 있었다.

　나는 애초에 화장실 교육이란 걸 내 아이에게 시킬 수 없다고 생각했다. 아니, 그 어떤 교육도 내 아이에게는 시킬 수 없다고 생각했다. 뭘 가르칠 것이며 도대체 어떻게 가르칠 것이란 말인가? 교육이란 그래도 스스로 몸이라도 가누고 눈으로 보며 조금이라도 팔다리를 움직일 수 있는 사람들에게나 들여 볼 수 있는 노력이 아니었나?

화장실은 인간의 대소변을 처리할 수 있는 공간이지만 인간이 그 장소로 가야만 그 의미가 완성된다고 생각했다. '대소변 배출 장소'인 화장실은 부동이요, 사람이 움직이는 쪽이어야 한다고 생각한 거다.

반면 활보쌤은 부동이고 뭐고 아이가 화장실에 갈 수 없다면 화장실을 아이에게로 가져가면 된다는 심플한 생각이었다. 남자아이라 성기가 외부에 노출되어 있으니 소변통을 갖다 대 주면 되는 거 아닌가 단순하게 생각한 거다. 그 담백한 생각 하나가 명준이의 행동을 유심히 관찰하게 만들었을 거다. 그 믿음 하나가 요의를 느끼는 명준이에게 일정한 행동 패턴이 있다는 사실을 주목하게 했을 거다. 의지의 시작은 반드시 달라질 수 있다는, 변화시킬 수 있다는 희망과 직결된다.

아무리 유연한 시선으로 편견 없이 통합적 사고를 한다고 해도, 장애와 비장애는 같을 수 없다. 우리 애를 쳐다보고 간 이에게 당신 애랑 우리 애랑 하나도 다를 거 없다고 소리치고 싶었던 날들도 있었지만 사실, 그 애랑 우리 애는 절대 같지 않음을 알고 있었다. 장애와 비장애의 차이가 없다고 외치고 싶던 마음은 그 차이를 도저히 받아들일 수 없었던 내 충격과 상처에서 기인했다.

이제 나는 사회과학적 질문(장애인과 비장애인의 사회적 통합은 가능한가?)이 아니라 생명 존중의 관점에서 아주 단순하고 사실적인 입장을 취해 보려 한다.

자, 기저귀로 몸의 일부를 싸매 놓으면 여름에 누구나 덥고 불쾌한가요? Yes. 당신의 아이는 생명이 있습니까? Yes. 당신의 아이도 기저귀로 몸의 일부를 싸매 놓으면 여름에 덥고 불쾌할까요? Yes. Yes.

네, 그럼 마지막 질문입니다. 단 몇 시간이라도 기저귀를 빼고 지낼 방법이 진짜로 없는 거 확실한가요?

*

올림픽 중계방송을 보다가 우리나라 역도 국가대표 박혜정 선수가 용상 168kg에 도전하고 있는 장면을 보았다. 잠깐, 168kg? 68kg가 아니고 168kg요?

100kg도 훌쩍 넘는 무게를 번쩍번쩍 드는 역도 선수들을 보고 있자니, 저들이 나중에 은퇴한 뒤에 지체장애인의 이동을 돕는 장애인 활동지원사로서의 진로를 고려할 수 있다면 정말 얼마나 좋을까 싶어 희망에 차 기도하는 마음이 된다.

점선과 실선

★

점선과 실선

　　　　　　　운전면허를 취득하며 알게 된 사실 중 하나는
도로 위에는 두 종류의 선, 점선과 실선이 있다는 사실이다.
　점선과 실선 중 차선 변경이 가능한 선은 점선이다. 점선
의 구멍 사이로 차가 드나들어도 된다는 의미라고 생각하
면 꽤나 직관적인 디자인이라고 할 수 있겠다. 속도 조절이
쉽지 않은 내리막길이나 시야 확보가 제한되는 터널 안, 차
선이 합쳐지거나 나뉘는 구간처럼 변수가 많은 곳은 그래

서 대부분 실선으로 되어 있다.

그러나 그렇게 조치를 취해도 사고는 난다. 절대로 넘어가면 안 된다고 노란색으로 칠해 둔 실선인 중앙선도, 어떤 차들은 기어이 넘고 만다. 사람 사이랑 닮았다.

사람과 사람 사이에도 넘어가도 되는 점선과 넘지 말아야 하는 실선 구간이 있다. 도로의 선들과 차이가 있다면 눈에 보이지 않는다는 것. 상대의 선만이 아니라 나의 선도 그렇다. 똑같은 말 한 마디에 누군가는 거리를 좁혀오고 누군가는 멀어진다. 진심을 다하고 딴에는 노력했대도, 사고는 날 수 있다.

★★★

운전을 배운 건 아이를 병원에 데리고 다니기 위해서였으니 서른이 넘어서다. 나는 당시 집에서 가장 가까운 사당역(번잡함과 복잡함이 이루 말할 수 없는 곳)에 있는 운전면허학원에 등록했는데 그래서 도로 주행 '연습'이 아니라 당장 도로 주행을 해야 했다.

'도로와 나'만 있는 한적한 곳에서 운전을 시작한 것이 아니었던 덕분에 까먹을 수 없는 것 하나가 있었다. 주행을 시작하기 전에 반드시 '좌측 깜박이부터' 켜야 한다는 것. 이걸 그냥 이론으로 듣고 암기했다면 시동 켜고 일단 좌측 깜박이부터, 이렇게 동작으로 익혔을 텐데 당장 나를 향해 다가오는 듯한 저 많은 차들 사이에 끼어들자니 너무 떨리고 무서워서 깜박이를 켤 엄두도 나지 않는다.

지켜보던 강사가 한마디 했다.

"아니, 깜박이부터 켜세요 깜박이부터! 내가 지금 끼어들 거라고 신호 먼저 보내야 저쪽에서 기다려주든 급하면 속도를 내서 먼저 가든 뭐 선택을 할 거 아니에요. 이렇게 가만히 있으면 누가 알아줘요. 이 차가 출발하려는 차인지 도착해서 멈춘 차인지 저쪽에서 어떻게 알겠냐고요!"

그래서 출발하기 전에 일단 좌측 깜박이를 켰더니 진짜로 몇몇 차들이 반응을 해 왔다. 속도를 줄이다가 뒤에서 살짝 기다려 주며 얼른 출발하라는 의사를 표하거나 속도를 올려 휙 나를 지나쳤다. 하지만 얼마든지 기다려 주려는 듯한 차들의 응원을 받고도, 도로에 나온 지 이제 이틀 째인 내가 곧장 차를 출발시킬 수 있는 건 아니어서 또 망설였더니 몇몇 차들이 기다리다 속도를 내어 먼저 갔다.

보다 못한 강사가 또 한마디 했다.

"보세요, 지금 저 차가 양보를 안 해 주려고 안 해 준 게 아니에요. 조금 전까지 기다려 줬죠? 근데 못 끼어드는 거 같으니 할 수 없이 먼저 간 거라고요. 하염없이 이쪽이 출발하기만을 기다리고 있을 순 없잖아요. 그러다간 도로가 정체되니까요."

자동차와 자동차 사이의 일이 사람 관계에서도 똑같이 적용된다는 생각을 했다. 사람이 사람의 마음을 읽으려면 상대가 의사를 밝혀 주거나 그게 아니면 조금이라도 힌트를 줘야 속내를 알 수 있듯이, 자동차도 의사를 표현해 줘야 사고 날 확률이 줄어든다. 좌측이나 우측 깜박이를 켜서 갈 곳을 알리는 일, 깜박이를 켜 미안하다거나 고맙다고 말하는 일, 상향등을 켜서 위기 상황을 알리는 일, 늦지 않게 클랙슨을 누르는 일까지. 할 수 있는 모든 수단을 동원해 내가 탄 차량의 뜻을 늦지 않게 전달해야만 한다. 그래야 사고를 막을 수 있다.

차선 변경을 할 때 깜박이를 켜는 시점은 언제여야 하는가? 사당역에서 호되게 운전을 시작한 나는 차선을 변경해야겠다고 마음먹고 옆 차선의 상황을 파악한 뒤 일단 켜는 편이다. 특히, 끼어들기 쉽지 않겠다 싶을 때는 더더욱 일찌감치 켜야 한다. 그래야만 양보해 줄 의사가 있는 차량을 알아챌 수 있고, 사고 확률이 줄어들기 때문이다. 다들 바쁘니 보통은 옆 차선의 깜박이 신호를 인식하자마자 앞차에 더 바싹 붙는다. 하지만 어떤 차는 자기 앞에 끼어들라는 듯 속도를 늦추며 다가온다. 그렇게 끼어들기에 성공한 나는 비상등을 켜고 뒷차에게 고마움을 표시한다.

그런데 어떤 운전자는 차선 변경을 시작하는 동시에 깜박이를 켠다. 사고가 나지 않는다면 문제될 건 없다. 한가한 도로에서는 나도 그렇게 한다. 다만, 다음의 경우엔 문제가 된다. 끼어들 타이밍을 찾고 있다가 대충 각이 나와 이제 차선 변경과 동시에 깜박이 켤 준비를 딱 하고 있는데 자신의 뒤 차량이 먼저 차선 변경을 했을 때, 허무하다는 표정 혹은 아쉽다는 표정을 하고서 이렇게 말하는 건 문제가 된다.

"에이, 내가 들어가려고 했는데…"

마치 뒤차가 자신이 하려던 것을 선수 친 듯 억울하게 구는 것. 그건 잘못됐다.

뒤차가 어찌 알았겠는가? 깜박이도 켜지 않고 속으로만

옆 차선으로 건너갈 생각으로 타이밍만 보고 있던 앞차의 마음을. 제대로 작동하는 깜빡이 버젓이 두고서 혼자 판단하고 혼자 타이밍만 보고 있던 비밀 작전을 뒤차가 무슨 수로 알 수 있었겠는가 말이다.

  물론 깜박이부터 켠다고 해서 뒤차량이 계획에 협조해준다는 보장은 없다. 오히려 먼저 가겠다고 끼어들기 속도를 높이는 운전자도 있을 것이다. 하지만 그런 것들은 모두 뒤차의 사정이다. 엄밀히 말하면 나와 관련된, 내가 연루된 일이 전혀 아니다. 내가 할 수 있는 최선은 오직 깜박이를 미리 켜는 정도다. 혹시 뒤차가 움직이고 있지는 않은지, 끼어들기엔 너무 위험한 것 아닌지 살피며 사고 나지 않게 조심해서 잘 끼어드는 것 정도다.

  때때로 클랙슨도 울려야 할 거다. 이러다 너랑 나랑 부딪치니 더 이상은 다가오지 말라고 늦지 않게 눌러야 한다. 그 소리를 들은 상대방이 옆으로 다가와 왜 빵빵대냐며 소리를 지르든 말든, 사고가 났다면 일어났을 일들에 비하면 아무것도 아님을 잊지 말아야 한다. 목숨 걸고 나온 도로 위에서 언성 높인 말싸움 같은 건 사실 큰일은 아니지 않은가?

도로 위의 자동차들이 향하는 곳은 결국 집이다. 어딘가에 들렀다가, 결국 돌고 돌아서 시동을 끄고 차에서 내리는 곳은 모두 각자의 집이다. 그러니까 도로 위에 나온다는 것은 결국 집으로 무사히 돌아가기 위한 것(뚜렷한 목적지 없이 나온 '기분 전환을 위한 드라이브'조차도 그 목적지는 '조금 더 나은 기분으로 돌아가는 집'이다).

그 어떤 길도 일방통행으로만 되어 있진 않을 것이기에 집으로 가려면 차선 변경도 하고 좌회전도 우회전도 유턴도 해야 한다. 그러려면 깜박이도 켜고 클랙슨도 눌러야 하며 신호를 잘 보고 교통법규를 지켜야 한다. 약속을 지켜야 한다.

목적은 하나, Going Home이다.

*

평소 말조심을 강조하시는 시어머니의 영향인지, 남편이 내게 말로 상처 준 일은 한 번도 없었다. 다만 자꾸 나를 쳐다보며 노래를 부른단 말이지(뮤지컬배우 아님 주의).

내 얼굴을 빤히 쳐다보다가 "이상하게 생겼네~ 롯데 스크류우바~ 삐익 삐익 꼬였네, 들쑥날쑥 해~" 하며 CM송을 부르질 않나, 사람이 말하고 있는데 갑자기 "여기까지가, 끝인가 보오. 이제 나는 돌아서겠소…" 노래를 부르질 않나….

타인에게 말을 거는 방식은 역시 다양하다.

그렇게까지 솔직할 수는 없어서

*

그렇게까지
솔직할 수는 없어서

초등학교 6학년 겨울방학 때, 같은 반 친구 정아가 우리 집으로 크리스마스 카드를 보내 왔다. 열어 보니 카드가 접힌 부분에서 산타 할아버지가 툭 튀어나오는 입체 카드다.

종이 하나 더 붙어 있을 뿐인데 입체 카드는 평면 카드보다 훨씬 비쌌다. 그래서 그건 아무한테나 주는 게 아니었다. 이미 가까워 소중한 친구에게, 아니면 앞으로 친해지고 싶다는 마음을 표시하고 싶을 때나 사는 카드였다. 그런 '아무것도 아닌 것이 아닌 마음'을 갖는 일, 그건 정말이지 골치 아픈 일이다.

　아무한테나 주는 게 아닌 카드를 고르고 돈 주고 사서 '나름 좋은 마음으로' 정성껏 편지를 쓰기 시작하는 누군가를 떠올려 보니 애처롭기 그지없다. 저런, 어쩌다 그렇게 된 건가요?

　누군가를 좋아하게 된, 어떤 대상에게 아무것도 아닌 것이 아닌 마음을 품게 되어 인생이 복잡해지기 시작한 이가 여기 있다고 해 보자. 상대에게 그 마음을 서둘러 고백하고 싶지만 왠지 그럴 수가 없는 한 사람을 떠올려 보자.

　A는 B를 생각하며 그 시대에 할 수 있는 각종 SNS 염탐 활동에 제 시간을 할애하며 어떻게든 B와의 작은 연결점이라도 찾으려고 에너지를 쓸 것이다. 처음 느껴 보는 혹은 아주 오랜만에 찾아온 이런 '신경 쓰임'이 반가운 사람도 있겠으나 기본적으로 변화란 인간에게 어떤 식으로든 스트레스를 주는 법. 다 없던 일로 해 버리고 싶지만(나 이제 마음 정리할 거야) 없던 일로 해 버리고 싶을 때는 보통, 이미 늦었다.

그렇게 A에게는 첫 번째 관문(시련)이 활짝 열린다. '아무것도 아닌 것이 아닌 마음'을 계속 품을지 말지 결정해야 하는 거다. 여기서 멈춘다면 짝사랑으로 마무리가 될 테지. 시간이 지나 마음이 가라앉기만을 기다리면 된다. 그러나 그럴 수 없다면 A는 결국 제 마음을 표현하는 두 번째 관문(시련)을 맞을 준비를 해야 한다. 결국 고백하지 않을 수 없을 것이다.

자신이 보일 진심에 B가 어떻게 반응할지 A는 전혀 알 수 없다. 진심을 말하는 일이란 일단 커다란 용기를 요구한다. 상대방에게 진심이 받아들여지지 않거나 제멋대로 해석될 가능성을 모두 끌어안고 고백해야 한다. 더 버틸 수가 없어 고백했는데 고백의 순간 용기가 부족한 이는 고백 뒤에 이렇게 말하는 것도 방법이다. 너 나랑 사귈래? 야, 농담이야, 농담. 놀라기는!!!

거절당할 일을 미연에 방지해 상처입을 일로부터 스스로를 보호한다.

그러나 B가 A의 고백을 받아 줄 수도 있다! 그러면 이제 A는 행복해질까?

안타깝게도 그렇지 않을 것이다. 왜냐하면 A가 B에 대한 마음을 품기 시작했을 때의 B는, 실제로 존재하는 사람이 아닐 확률이 높기 때문이다. A가 좋아했던 사람은 B라고 하는 실재하는 인물이 아니라 'A가 상상하고 기대하는 A 머릿속 B'의 모습일 것이기 때문이다.

관계를 맺는다는 것은, 서로를 알아 간다는 것은 상상 속 대상을 조금씩 지우는 일이다. 내 멋대로 상상한 것들을 하나씩 버리는 일. 그 달갑지 않은 운명의 시간을 견뎌 내야만 진짜 관계가 시작된다. 진짜 사랑이 시작된다(그러니 얼마나 이 세상엔 공짜가 없는 것인지!).

***

정아가 보내 온 크리스마스 카드에 특별한 말은 적혀 있지 않았다. 겨울방학 잘 보내라는 뻔한 말이 쓰여 있었다. 그럼에도 내가 아직 정아의 카드를 기억하고 있는 이유는 마지막에 적혀 있던 한 줄의 추신 때문이다.

[P. S. 답장은 입체 카드로.]

정아는 내게 답장을 입체 카드로 보내 달라 했다. 읽는 순간, 아니 애는 어떻게 이런 말을 할까 싶어 놀랐던 기억이 난다. 나는 그때 이미 상대에게 부담 줄 수 있을 말은 하지 않는 아이였던 거다. 거짓말을 한 건 아니지만 진심을 다 말하지는 않는 방법을 벌써 알았던 거다.

상대방이 곤란해할 상황은 만들지 않는 게 예의이자 배려라는 생각에는 변함이 없지만 과연 그게 관계에서 능사인지 이제는 잘 모르겠다. 어쩌면 상대방에게서 예상했던 반응이 나오지 않을까 봐 두려웠던 거면서 너를 위해 이렇게(까지) 하는 거라고 믿기로 한 건 아니었을지. 차라리 남몰래 혼자 기대하고서 실망하는 쪽을 택할래(평생 짝사랑만 할 거야)!

관계 안에서 솔직하기 어려운 이유는 제 마음을 있는 그대로 다 드러냈을 때 지게 될 부담 때문이다. 상대방의 반응이 자신이 기대했던 딱 그대로 펼쳐진다면 모를까 그게 아니라면 실망과 초라함, 소외와 선택(사랑)받지 못함에 대한 잔상이 마음에 남아 자신을 어지럽힐 것을 알기 때문이다. 그걸 피하기 위해, 인간은 삶의 곳곳에 방어벽을 치며 살아간다. 내가 주는 자극에 대한 상대의 반응이 영 실망스러워도 무너지지는 않도록 곳곳에 장치를 마련해 두고 조금씩 자신을 속이거나 달래며 살아간다. 한 사람의 특이한 말버릇이나 농담, 그가 자주 사용하는 자기합리화 형식은 모두 그렇게 탄생하는 것일 테다.

 정아는 자신의 자극(입체 카드 보내기)이 어떠한 보상(입체 카드로 답장 받기)도 바라지 않는 무조건적인 사랑에서 나온 것이 아님을 순순히 고백했다. 제 패를 다 보여 준 거다. 답장은 안 받아도 상관없다는 듯 쿨하게 써 놓고선 평면 카드로 답장이 오면 혼자 서운해하고 섭섭해하는 대신, 정아는 용기내어 한 줄의 추신을 더하기로 한 거다. 지가 좋아서 지가 입체 카드로 보내 놓고 왜 나한테 입체 카드로 답장을 하라 마라야? 내게 이런 반응이 올 것까지 다 껴안고 감행한 거다.

 답장을 어떻게 보냈는지는 기억나지 않는다. 그러나 평면 카드 답장을 받았다고 해도 정아가 나와의 절연까지 결심하진 않았을 거다. 내가 알기로, 제 패를 남에게 다 보여 주는 사람은 상대가 내보이는 패에도 너그럽기에.

 솔직함은 언제나 그렇게, 솔직하게 말한 당사자를 먼저 구한다.

*

시장에 사과 대추라는 것을 팔기에 먹어 보니 진짜로 사과와 대추 맛이 다 느껴졌다. 너무 맛있어 한동안 매일 사 먹었다.

나는 이것도 아니고 저것도 아닌 것에 끌리는 걸까? 아니면 이것이기도 하고 저것이기도 한 것이 좋은 건지도.

산타클로스의 답장

*

산타클로스의
답장

　　　　　강원도 화천군에 '산타클로스 우체국 대한민국 본점'이라는, 어쩐지 믿음이 안 가는 명칭의 우체국이 있다길래 가보았다. 건물 외벽 전체가 산타 할아버지의 의상을 떠올리게 하는 빨간색으로 칠해져 있어 누구라도 크리스마스를 떠올릴 수밖에 없는 압도적 외관이다.

　우체국 출입구에 포토존이 마련되어 있었다. 가서 앉기만 하면 누구나 우 산타 할아버지, 좌 루돌프와 재밌는 사진 한

장 찍고 돌아갈 수 있게 우체국 측에서 준비해 둔 거다.

  포토존은 재밌는 곳이다. 우리끼리 짜고 치는 고스톱. 갑작스레 성사되는 약속의 미학이 있다. 유명인의 실물 크기 그대로 본떠 제작한 입간판 옆에서 '만나길 꿈에 그리던 상대의 팔짱을 끼고' 상기된 표정으로 포즈를 취하고 있는 누군가의 떨림이 진짜가 아니라고 누가 말할 수 있겠는가. 산 정상에서나 볼 수 있는 정상석에 궁서체로 '백두산'이라 적고 그 밑에 2,744m라고 새겨 평지에 덩그러니 놓아 두고 그 뒤에 소나무 두 그루를 심어 둔 포토존을 지나며 '아, 여기가 백두산 정상이라고 치자'고 말을 거는 누군가의 익살스러움을 생각한다. 그 농담을, 그 장난을, 그 놀이에의 초대를, 받아들이거나 그 노력과 애씀을 왠지 가여이 여기는 마음. 그래서 누군가 갑자기 그 정상석과 소나무 두 그루 사이에 자리를 잡고 땀 한 방울 흘리지 않은 뽀송뽀송한 얼굴과 지극히 안정적인 심장박동수를 지닌 채 양팔을 벌려 말할 수 없는 성취감에 도취된 포즈를 취하면, 그 뻔뻔한 해맑음에 웃음이 나오지 않을 수 없는 것이다.

  우체국 1층 로비에 있는 직원이 '산타 할아버지한테 답장을 받을 수 있는 엽서'를 보내는 방법을 알려 준다. 네, 진열대에서 엽서를 한 장 고른 뒤 여기서 계산하시고 편지를 써 우체통에 넣으시면 됩니다.

예? 그럼 이번 크리스마스 때 핀란드에서 산타 할아버지가 보낸 답장을 받을 수 있다고요?

좋다. 거기까지는 이해해 보려 했다. 뭐, 어딘가에서 지원금을 후하게 받았을 수도 있지 않은가. 하지만 직원이 다음의 말을 덧붙이자 사업의 진실성을 의심할 수밖에 없었다.

"아, 보내는 사람 주소도 다 한글로 적으시면 됩니다."

예? 여기에 번역도 붙는다고요?

심지어 우푯값도 따로 필요 없단다. 아니, 핀란드 왕복 해외 우편 비용이 이 엽서값 하나로 다 충당이 된다고요?

그리하여 나는 이 '수지 안 맞는 장사'를 하나의 테마파크 체험이라 생각하기로 한다. 어느 놀이동산에 있는 '산타 할아버지에게 편지 쓰고 크리스마스 때 핀란드에서 온 답장 받기' 코너에 지금 내가 들어왔고, 국어국문학과 혹은 문예창작학과를 나왔다는 이유만으로 '산타 할아버지인 척 답장 쓰기 업무 담당자'로 배치되어 하루 종일 편지에 답장만 쓰고 앉아 있는 어느 우정국 공무원이 같은 건물에 있다고 상상하게 됐다. 막상 편지를 쓰다 보니 말이 길어졌다. 가장 저렴한 천 원짜리 엽서 하나 사놓고 거길 꽉 채워 산타할아버지한테 편지를 썼다.

우체국을 빠져나오며 이번 크리스마스 때 내가 받게 될지도 모를 답장에 대해 생각했다. 답장이 진짜로 온다면 어떤 형태일까? 적당한 종이에 '메리 크리스마스, 해피 뉴 이어. – 핀란드에서 산타 할아버지로부터'라고 새겨진 스탬프 하나가 딱 찍힌 엽서일까? 아니면 예상대로 내 엽서는 강원도 화천군을 벗어나지 못하고 있다가 연말에 '강원도 화천군발 일괄 편지'로 돌아올까?

만일 편지가 진짜로 핀란드에서 출발했다고 해도 중간에 분실될 위험은 얼마든지 있다. 출발지는 무려 북유럽이 아니던가. 결국 답장은 우리 집에 오거나 오지 않거나, 둘 중 하나일 것이다.

***

그런데 답장이 왔다. 발송지는 핀란드의 산타마을.

답장이 적힌 카드의 크기는 A5 사이즈쯤으로 우편물의

두께도 꽤 두툼하다. 왠지 편지를 쉽게 열어 볼 수 없었는데 그건 크리스마스 카드를 우편물로 받아 보는 게 너무 오랜만이라 소중하기도 했지만, 그날 우체국에서 이거 수지 타산이 맞기는 하냐며 핀란드와의 협업 진위 여부만 의심했던 내가 좀 부끄러워졌기 때문이었다.

애초에 '편지 받는 기쁨'을 주기 위한 사업이었을 거다. 아니 어쩌면, '편지 쓰는 기쁨'을 주기 위해 만들어진 하나의 놀이이자 초대. 답장을 받지 못할 가능성을 품은 사건에 뛰어들어 보라는 다정한 권유였다. 답장을 받을 수 있을지 없을지는 시간이 지나 크리스마스가 되어야만 알 수 있을 테지만, 답장을 받을 수 있다고 믿는 마음을 지녀 보자고.

내가 엽서를 사며 낸 천 원은 사실 그 믿음을 가져 보는 데 드는 비용이었다. 인간이 인간을 위해 만들어 낸 일상의 소란, 친절한 장치였다.

핀란드 산타클로스 우체국 본부에서 온 답장에는 크리스마스 시즌에 핀란드에서 벌어지고 있는 신나는 일들에 대한 묘사가 가득했다. '만약 네가 받은 편지의 우표가 거꾸로 붙어 있다면 꼬마 요정들이 신나서 우표를 붙이다 그만 실

수를 해 버린 거야'라는 식의 다정한 설명들로 가득한 편지. 말미에는 '눈송이가 작은 다이아몬드처럼 반짝이는 모습을 가만히 바라보기만 해도 마음이 따뜻해지고 행복해질 수 있지'라고 적혀 있다. 크리스마스를 맞고 있는 상황이 사람마다 다르다는 사실을 배려한 글이다.

  봉투 안에는 영어로 적힌 편지와 한글 번역본 편지, 산타가 인증한 보증서 같은 것도 들어 있었으며, 얼마간 시간을 때울 수 있을 색칠용 밑그림 종이 한 장도 있었다.

  인생은 정말, 되든 안 되든 뭔가 해 보며 살 일인 것일까? 이루어지든 이루어지지 않든 간에 뭐든 믿어 보며 지낼 일인 걸까?

  안 될 수도 있지만, 될 수도 있으므로.
  일어나지 않을 수도 있지만, 일어날 수도 있으므로.

시절인연,

그것은 슬픈 말일까,

아름다운 말일까?

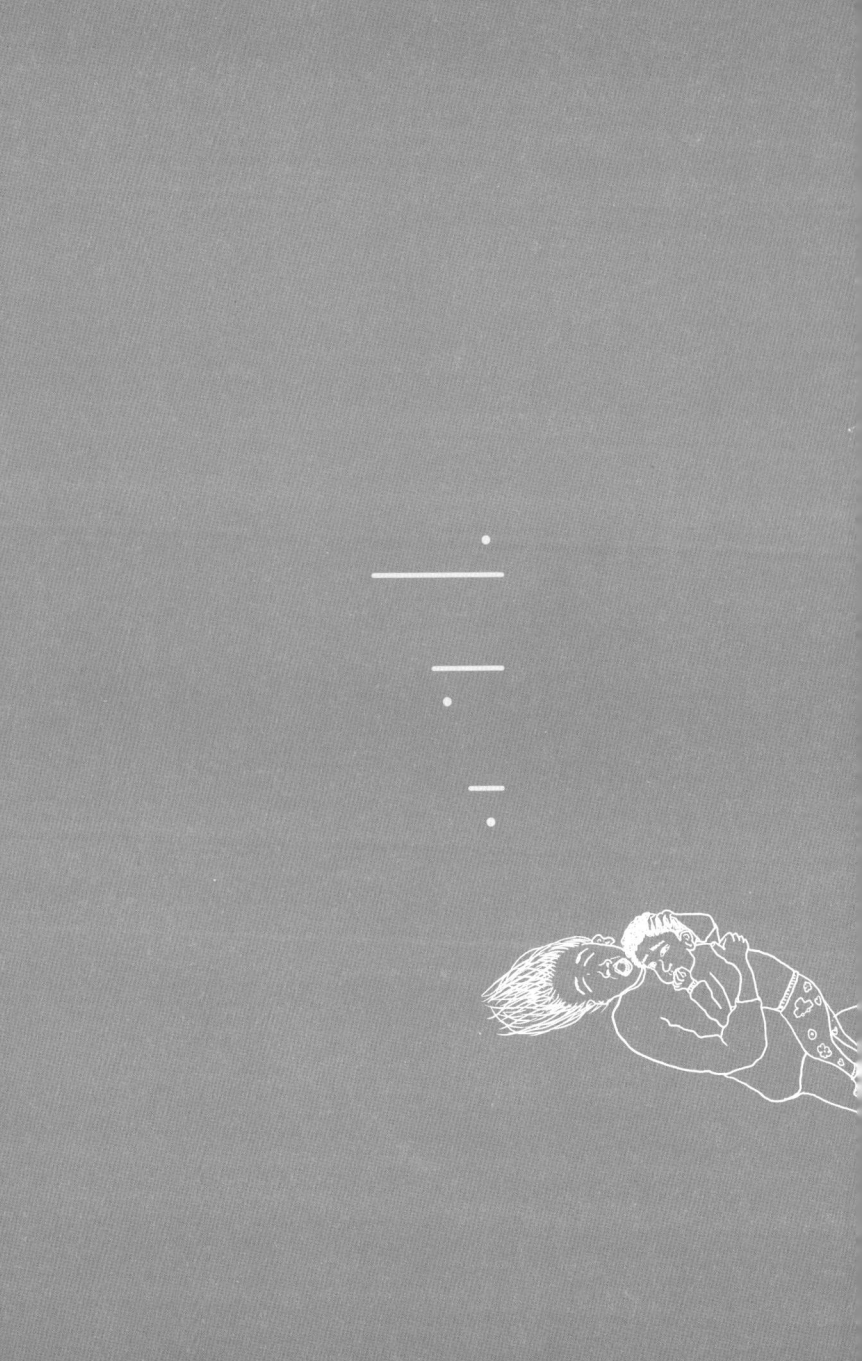

*

고구마를 냉장고 과일 칸에 넣어 두었다가 다 버린 일이 있다. 모든 식재료가 냉장고 안에서 안전할 거라 생각하고 행한 일이었는데, 알아보니 고구마의 적정 보관 온도는 약 12도였다.

고구마에 대해서도 이러한데, 나는 도대체 얼마나 많은 대상의 적정 보관 온도를 지레짐작하며 기대하고 평가하며 살아 왔을까?

인간이 인간이기에 인간에게 할 수 있는 일

*

인간이 인간이기에
인간에게 할 수 있는 일

술에 잔뜩 취한 중년 남성 한 명이 지하철역 안에서 소란을 피우고 있는 영상을 보았다. 내가 그 자리에 있었다면 '해코지를 당하진 않을 안전구역'까지 슬금슬금 물러났을 거다.

보아하니 상황이 엉망이다. 술 취한 남자는 제 양팔을 잡은 두 경찰관에게 이거 놓으라며 막무가내로 소리치고 있고 경찰은 경찰대로 경계의 강도를 높이고 있다. 그런데 지하철을 기다리며 벤치에 앉아 있던 한 청년이 일어나 사건 속으로 들어온다.

   경찰 쪽에 쪽수를 더하려고 다가오는 거라 생각했다. 2 대 1에서 3 대 1로 구도를 재편해 경찰이 만취꾼을 제압하거나 인솔하기 더 수월하게 도와주려는 심산으로 장면 속에 등장한 거라 생각했다. 그런데 술 취한 남자에게 천천히 다가가던 청년은 남자를 말리는 듯하더니 갑자기 그를 쓰윽 안았다. 그리고 들려오는 그의 말이 괜찮아요, 괜찮아요.

   순간 경찰관들을 위협할 듯 달려들던 중년의 남자가 아이처럼 온순해진다. 덤비라는 듯이 제 몸을 무기 삼아 휘두르던 남자가 갑자기 엄마 품에 안긴 아이처럼 울기 직전의 모습이 되면서 사건은 마무리됐다. 이러다 무슨 일 나는 거 아닌가 싶었던 상황 속 긴장과 위험이 한순간에 사그라들었다. 누군가의 품에 안긴다는 것은 그런 것일까?

   공공장소에서 난동을 피우던 남자의 존재가 곤란하고 불편했던 사람은, 남자를 말리던 경찰관들이 아니라 아마 그 남자 본인이었을 거다. 맞서지도, 돌아서지도, 못난 모습 멈추지도 못해 큰소리만 치고 있던 바로 그 자신.

하고 싶은 말을 하고 싶은 이에게 할 수 없거나, 듣고 싶은 말을 듣고 싶었던 이에게 들을 수 없을 때 우리는 슬퍼진다. 그러나 하고 싶은 말을 하고 싶은 이에게 할 수 있는 순간에도, 우리는 종종 자신의 혀를 검열한다. 말한 뒤의 일을 감당하지 못하는 거다. 심지어 듣고 싶은 말을 듣고 싶은 이에게 들었을 때조차 자신의 귀를 검열한다. 마치 믿지 않기로 결심한 듯 '기다려온 그 한 마디'를 기어이 돌려보낸다.

용기 내지 못하는 거다. 사랑받을 용기를.

***

웬만한 물건들은 수영장 안까지 들고 들어갈 수 없다.

몸에서 떨어지면 불안증을 유발하는 휴대폰부터 목주름과 이목구비를 가려 주던 스카프와 마스크, 선글라스와 가발 같은 것들 모두 수영장 안까지 들고 들어갈 순 없다. 은근히 남의 눈에 띄고 싶었던 것들도 모두. 자동차 차 키와 사는 곳. 나고 자란 곳. 출신 학교. 직장 명함. 내가 아는 누구누구와 내가 해 본 무엇무엇을 수영장 탈의실에 두고 돌아서야만 한다.

수영복과 수모, 수경 외에 몸에 걸칠 수 있는 물건이라고는 팔찌 목걸이 같은 금붙이나 스마트워치 정도가 전부. 남들 눈에 띄지 않게 가리고 싶은 부위가 있어도 수영복과 수모를 착용하는 부위에 속해 있지 않으면 가릴 수 없다. 정말이지 예외도 자비도 없는 곳, 그곳이 수영장이다.

그런데 어떻게 해도 탈의실에 두고 올 수 없는 것들도 있다. 장애가 있는 몸, 상처 부위나 문신처럼 눈에 보이는 것들은 물론이고 보이지는 않지만 어떻게든 드러나게 되어 있는 것들도 기어이 수영장 안까지 따라 들어온다. 눈동자의 또렷한 정도나 눈을 깜박거릴 때의 민첩함 같은 것. 허리를 곧게 편 정도나 쉬고 있을 때 시선을 두는 방식. 강사의 말에 귀 기울이는 정도와 무심결에 짓는 표정 같은 것들. 같이 수영 배우는 같은 반 회원들과 말을 주고받는 방식. 그렇게 드러나는 한 사람의 인품이나 기품 같은 것을 수영장 안에서는 절대 숨길 수가 없다. 수영장을 다닌다는 건 사람을 구성하는 것이 무엇인지를 알게 되는 일이다.

그래서 나는 이제 수영장에서 만난 사람들의 얼굴을 두 가지 버전으로 볼 수 있게 되었다.

눈에 보이는 것들을 한순간에 없애고 눈에 보이지 않는 것들을 입힐 수 있게 된 거다. 남들의 시선은 전혀 신경 쓰지 않는 듯 다니는 이를 보면서 그가 최고로 화려하고 값비싼 것들로 치장하고는 누가 자기 잘난 모습 봤나 안 봤나 두리번거리는 모습을 상상한다. 어딘지 모르게 고상하고 지적이며 여유로운 분위기를 풍기는 이를 볼 때면 거칠게 살아 누가 봐도 드세고 억척스러운 동작으로 바삐 걸어가는 모습을 상상한다. 남들이 어떻게 생각하는지 몰두하느라 불안하고 위태로워 보이는 누군가를 볼 때면 다정하며 공감과 지지를 아끼지 않는 부모 밑에서 평온하게 인생을 시작했을지도 모를 그의 어린 시절을 떠올린다. 사람을 믿지 못할 일이 한 번도 일어나지 않았으며 일생에 걸쳐 회복하지 못할 정도로 좌절해 본 경험도 없는 한 아이를 상상한다. 삶을 포기한 이들의 소식을 들을 때면, 삶을 포기할 이유가 전혀 없었던 어떤 이의 하루를 상상한다.

인간이 인간이기에 인간에게 할 수 있는 일이란 어쩌면 그런 것이 아닐까? 보이는 것 너머의 보이지 않는 것을 읽어 주는 일. 볼품없는 사람에게서 그 사람만의 빛 한 줄기에 반색하며 다가가는 일. 그 사람이기에 그 사람만이 할 수 있는 일이 있다고 믿어 주는 일.

*

여기가 아닌 어딘가로 떠나고 싶을 때, 내게 지구는 너무 크고 세상은 넓었다. 어딘가로 가는 거리가 너무 멀고 아득해 삶이 쉽게 슬퍼졌다. 그런데 언제부턴가 이 지구가 너무 작다는 생각이 든다. 과장을 좀 보태자면 세계가 서울만 한 크기로 느껴져 세계를 여행하는 일이 광장시장 한 바퀴 돈 다음에 동대문 뒤쪽 성곽길을 걷는 일 정도로 여겨지는 거다.

마음의 버킷리스트가 모두 사라졌다. 이제 그것들이 없어도 이 삶이 괜찮다는 생각이 든다.

★

자존감의 비밀

　　　　　　인간은 변화 가능성이 조금이라도 보이면 그걸 결코 가만두지 않는 것을 종의 기본 성질로 함이 틀림없다. 설득하기, 조르기, 상처받은 티 내기, 강요하기, 협박하기, 울며불며 읍소하기 등은 상대가 '변하리라'는 희망 없이 그냥 나오지 않는다. 그래 봐야 아무것도 변할 게 없음이 분명하다면 그렇게 눈동자를 움직이고 언성을 높이며 때로 눈물까지 흘리는 에너지 소모를 굳이 자처하는 이는 없을 것이다.

  머리끝부터 발끝까지의 길이, 그러니까 '키'에 대한 우리의 태도만 봐도 알 수 있다. 아직 성장판이 완전히 닫히지 않은 것으로 보이는 자신(혹은 자녀)에 대해 좀처럼 가만히 있지를 못하고 기어이 또 우유를 마시고 줄넘기를 하는 인간의 모습을 보라.

  체중에 대해서는 뭐 말할 것도 없겠다. 내 몸의 모양과 체지방률을 '변화시킬 수 있을지도 모른다'고 생각하는 순간. 우리는 갑자기 흥분하며 돈을 쓰기 시작한다. 혹은 돈을 얼마든지 쓸 작정으로 어떤 정보에 귀를 기울인다. 곤약과 두부로 만든 온갖 식품을 주문하고 PT 10회 이용권을 끊으면 2회를 무료로 추가해 준다는 헬스장 관장님의 '야, 너두 뺄 수 있어' 약속을 못들은 체하지 못한다. 언제나 근손실을 유의하면서도 동시에 치팅 데이를 기다린다. 식욕을 억제해 준다는 온갖 약들과 헛배 부르게 해 줄 가공식품 내역을 줄줄이 꿴다.

  바꿀 수 있을 것 같다면 바꾸려는 이러한 인간의 행동발달은 어제오늘 일이 아니어서 신분사회에서는 신분을 바꾸려 수단과 방법을 가리지 않았다. 국적과 종교, 출신 학교와

나고 자란 가정환경, 학창 시절의 기억이나 상처, 신체적인 성별 모두를 바꿀 수 있다고 믿고 그걸 바꾸기 위해 감당해야 하는 일들은 응당 감당해야 할 일로 여긴다.

   더 나아질 수 있다면. 더 안전하고 완전해질 수만 있다면.

   그런 측면에서 신체 부위 중 한 곳인 '발'은 좀 특별하다. 문화적, 개인적 특성에 따라 이상적인 발의 모양과 크기가 있을 순 있겠지만, 순수하게 미용만을 목적으로 발의 뼈를 좀 깎을 수 있느냐고 성형외과에 문의하는 사람을 (최소한 나는) 본 적이 없다는 점에서 그렇다.

   콤플렉스의 성립 조건이 이상과 현실의 간극 지각이라면 엄연히 그 차이가 존재함에도 불구하고 그 차이를 좁히려는 인간 본능이 전혀 힘을 쓰고 있지 않는 성형청정 구역이 존재한다는 얘기. 마음에 안 드는 신체 부위가 있다면 얼마든지 원하는 대로 바꿔 볼 수 있는 요즘 시대에, '발'에 대한 우리의 집단적 무심함은 역시 수상할 정도라 할 만하다.

   성장기에 엄연히 그 길이와 모양에 변화가 있음에도 불구, 발은 학창 시절 신체검사 대상 부위에서 빠져 있다. 여태 제대로 측정된 적조차 없는 것이다. 발 사이즈가 몇인지 알 수 있는 경우는 오직 신발을 새로 살 때뿐이고 그것도 신발마다 길이와 크기가 조금씩 달라 결국 우리는 자신의 발 사이즈에 대해 이런 식으로밖에 표현할 수 없는 처지가 됐다. 어떤 신발은 240이 맞는데 또 어떤 건 245가 맞아.

  그런데 여기서 중요한 점은, 그래도 괜찮다는 사실이다. 아무도 '자신의 발 사이즈를 정확히 모른다'는 것에 문제를 제기하지 않는다. 현재 자기 발의 크기와 모양이 이상적인 발의 그것과 다르다고 해서 하루종일 발만 들여다보고 있는 이는, 아마 많지 않을 것이다. 사실 살면서 두 발을 유심히 쳐다보게 되는 때란 여름에 모기가 발등을 물었을 때나 내성 발톱 이슈가 있을 때 정도 아니던가.

  우리는 두 발이 언제나 '아무 문제 없이' 거기 있음을 알고 있다. 두 발이 '그냥 거기 있음'을 의심하지 않는다. 발에게 자존감이 있다면, 그건 우리가 상상할 수도 없는 수준일 것이다.

★

아파트 입구에 피아노 한 대가 버려져 있었다. 이제 곧 어딘가로 실려 갈 피아노를 보고 있으니 저 피아노 의자에 앉아 설렘 가득한 눈으로 건반 몇 개를 퉁탕거렸을 누군가의 모습이 떠오른다. 아침에 눈뜨자마자 피아노 뚜껑을 열고 '도'를 누르고 그다음 '솔'을 누른 누군가의 손가락 움직임이 어른거린다.

어떤 만남도 시작도 기쁨도 슬픔과 함께 온다. 인생이란 도대체가 혼자서 오는 놈이 없구나.

형식의 위대함

★

형식의 위대함

　　　　　요즘은 몇몇 사람들이 모여 하염없이 수다를 떠는 듯 보이는 형식, 그러니까 형식이 따로 없는 형식의 프로그램들도 있지만 어떤 방송들은 여전히 촘촘히 짜인 구성 위에 만들어진다. 대표적인 게 생방송으로 진행되는 프로그램들이다. 뉴스와 라디오, 매일 아침저녁으로 방송되는 생활 정보 프로그램들이 그렇다. 녹화방송은 일단 촬영하고 나서 그걸 짜임새 있게 구성해 어떤 메시지를 강조할지 결정하고 그 방송의 의미를 만들어 내지만, 생방송은 어떤 메시지를 강조할지 미리 결정하고 그 방송을 의미 있게 만들어 내는 구조로 형태를 어느 정도는 잡아 놓고 촬영을 시작해야 한다.

 매일 라이브로 방송되는 '일상적인' 프로그램일수록 신변잡기적인 수다 형식으로 구성되지 않고 너무한다 싶게 구조화해 만드는 이유는 간단하다. 매일매일 만들어져야 하기 때문이다.
 반복되는 일에는 반드시 어떤 규칙이, 틀이 잡힌 형식이 필요하다. 그들은 농담조차도 이미 짜여 있는 대본에 의한 것임을 숨기지 않는다. 들키더라도 할 수 없다는 듯이, 일단 크게 당황해 얼어 버리는 일만은 막자는 모토로 대본에 적힌 농담을 동료 진행자에게 어색하게 건네는 쪽을 택한다. 생방송으로 진행되는 수많은 시상식의 시상자들이 그러하듯.
 매일 반복되는 일을 구조적 형식의 도움 없이 수행하기란 어렵다. 학교 다닐 때를 생각해 보자. 갑자기 선생님의 사정으로 자율학습시간이 주어지면 소리 지를 정도로 반갑지만 그 맛도 가끔 주어져야 달콤하지 매일 '알아서' '공부해'라고 한다면 자신과의 싸움이 되어 그것만큼 고역도 없을 것이다. 차라리 빡빡하게 짜인 시간표대로 움직여야 해서 때론 자신이 기계의 부품이 아닐까 생각하는 편이 나을 수도 있다. 노인의 가장 큰 고통은 무위無爲다.

그래서 뉴스 프로그램은 아주 특별한 경우를 제외하고는 매일 같은 시간에 방송되며 틀이 정해져 있다. 정치, 사회 문화, 세계의 소식, 스포츠, 날씨 등등 주제가 있고 그 주제를 전달하는 형식과(사진이나 영상으로 보여 주기, 현장에 나가 있는 기자를 연결해 보여 주기, 관계자 인터뷰 영상 보여 주기 등) 각 구성을 담당하는 제작진이 모두 따로 있다. 그렇지 않고서는 매일 그 정도의 분량을 만들어 낼 수 없을 것이다. 어제와 다른 오늘을 방송에 잘 담아 내기 위해서는 어제와 같은 오늘의 형식이 필요하다는 것. 방송도 인생도 모두, 구조화가 필요하다(구조가 우리를 구조한다…).

병원에서 큰 치료를 받고 무사히 집으로 돌아가게 된 환자가 퇴원 전 마지막 진료 때 의사로부터 듣는 말들이란 의

외로 소박하다. 너무 사소한 거 아닌가 싶어 배신감마저 느껴질 수도 있다. 죽다 살아난 사람에게 고작 이 정도의 '건강 비법'이 전해지는 현대 의학의 현실이라니, 내가 여태 저걸 안 해서 아팠던 건가 놀랄 것이다. 이를테면 이런 것들. 일정한 시간에 일어나고 잠드세요. 정해진 시간에 밥 꼬박꼬박 천천히 드시고 약 꼬박꼬박 챙겨 드세요. 햇볕 많이 쬐고 가급적 매일 산책하세요. 스트레스 받지 마세요.

  살아만 있으면 거저 겪어 낼 수 있는 지구상의 일들. 월화수목금토일 7개의 요일을 지나면 한 주의 사이클이 완성되고 새로운 주가 시작되는 인간의 계산법에 동의하고 일 년은 열두 달, 365일로 되어 있다는 인간들의 약속을 믿어 보는 일이 지구인을 언제 어떤 식으로 구할지는 다 설명할 수 없다. 동짓날 별스럽게 챙겨 먹는 팥죽이나 김장철 시장에 잔뜩 쌓여 있는 배추와 무 더미를 보는 일이, 명절이면 고속도로가 꽉 막혔다는 소식과 사람으로 가득 찬 휴게소 영상을 뉴스 자료 화면으로 보는 일이, 크리스마스를 앞두고 요란하게 번쩍거리는 거리의 조명 장식들을 한참 쳐다보는 그런 일들이, 누구를 어떻게 구하고 있는지는 다 알 수 없다.

  깊은 우울감에 빠져 자기만의 세계에 갇혀 있는 사람을

구하는 건 '그러지 말고 뭔가를 좀 해 봐'라는 주변의 진심 어린 걱정이 아니다. 그 사람을 다시 일으켜 세우는 것은 길 가다 마주친 아이가 엄마를 잃어버렸다며 뚝뚝 흘리는 눈 물이다. 키를 낮춰 아이를 달랜 뒤 아이의 작은 손을 잡고 파출소로 향할 때 앞장서는 발걸음. 자초지종을 이야기하 고 파출소를 나올 때 만난 한 줄기 빛이 결국 그를 다시 세 상 밖으로 나오게 한다. 누군가에게 아직 도움을 줄 수 있다 는 사실의 확인. 자신이 쓸모 있는 존재라는 인식. 아직 무 언가를 해낼 수 있을지도 모른다는 감각만큼 사람의 피를 돌게 하는 것은 없으니까.

그토록 벗어나고자 애썼던 자신으로의 회귀, 그 징글징글 한 자아로의 천착이 결국 다시 그를 구할 것이다.

프랑스 작곡가 모리스 라벨이 1928년에 만든 〈볼레로〉는 처음부터 끝까지 일정한 템포로 두 개의 멜로디만이 반복 되는 곡이다. 가장 작은 피아니시모로 시작해 점점 소리가 상승하는 크레센도로만 진행된다는 것도 〈볼레로〉의 큰 특 징. 분명 같은 멜로디가 반복될 뿐이지만 마지막에는 완전 히 다른 곡이 되어 있다. 〈볼레로〉 안에서의 반복은 그저 반복만이 아닌 거다. 고정된 구조화라는 것이 변화하지 않음을 뜻하는 게 아니라 어쩌면 더 거대한 창조의 기반일 수도 있음을 우리에게 말해 준다.

그렇다면 언제나 하던 일을 계속하는 것은 아주 지혜로운 선택이 될 수 있다. 특히 예상치 못한 일에 충격을 받아 역시 하던 일을 계속하기는 무리라는 판단이 들수록. 어쩌면 그럴 때일수록 우리 몸의 움직임 총량을 지켜 주는 것이 도움이 된다. 학교나 직장을 다니던 사람은 계속 학교나 직장을 다니고, 산을 가던 사람은 산에, 수영장에 가던 사람은 수영장에 가는 것이 그 예상치 못한 일이 자신을 통과해 가도록 돕는다.

'아직 그럴 때가 아니다' 혹은 '아직 준비가 안 됐다'거나 '좀 더 회복되면', '시간 좀 지나서'라는 다정한 말은 때로 나를 일으켜 주지만 역시 나를 살린 건 매일 아침 요거트 위에 뿌려 먹은 발사믹식초였을지 누가 아는가?

*

우리가 그때 만난 이유가, 내 얼굴은 옆으로 동그란데 그의 얼굴은 위아래로 길쭉했기 때문만은 아닐 것이다. 우리는 아마 당시 각자 찾고 있었던 세계로 가는 한 조각을 서로에게서 보았던 거겠지. 혹은 보았다고 믿었거나.

이해할 수 없는 일을 이해하는 일

*

이해할 수 없는 일을
이해하는 일

　　　　　할머니의 장례식장으로 가는 지하철 안에서 나는 할머니를 생각하려고 했다. 할머니와 같이 웃고 떠들고 같이 밥 먹던 한때를 떠올리고 싶었다. 그런데 떠오르는 장면은 영 엉뚱한 순간이다.
　더 있다 가라고 말하던 할머니. 그때 흔들리던 할머니의 눈동자가 떠올라 버렸다. 이미 현관에서 신발까지 다 신어 버린 내게 슬쩍 다가와 참았던 말을 이제야 뱉듯 나지막이.

아가, 더 있다 가지.

할머니를 돌아보면 할머니의 정수리가 보였다. 뽀글뽀글 파마를 했지만 그 부풀린 부피로도 머릿속을 다 가리지는 못해 두피의 색이 훤히 보이던. 아, 그 두피가 무슨 색이었더라?

바쁘다고 얼버무리며 돌아서기가 괜히 미안해 염색이나 빨리 하시라고 다그치며 현관을 나섰던 기억이 난다. 그럼 할머니는 내가 엘리베이터에 탈 때까지 나를 배웅했다. 그때도 현관문은 열려 있었다. 마치 마음 바뀌면 어서 들어가자는 듯이.

할머니는 할아버지가 돌아가시고 17년을 더 사셨다. 건강하던 할아버지가 어느 날 감기가 안 떨어진다며 병원에 가신 그날로 환자복을 입고, 그다음 입은 옷이 수의였다는 사실은 역시 생각하기 싫다. 무슨 인생이 그렇게 흘러갈 수가 있나? (내 인생도 어느 순간 갑자기 그렇게 될까 봐) 너무 무섭다.

할아버지는 급성백혈병 진단을 받았다. 동시에 3개월 시한부 판정을 받았는데 진짜로 딱 3개월 더 살다가 돌아가셨다. 살다? 입원해 계시다 돌아가셨다. 그동안 그가 했던 유일한 외출은, 서울에 있는 큰 병원으로 옮기기 위해 구급차를 탔을 때뿐이다.

  간병은 할머니와 엄마가 돌아가면서 했다. 엄마는 아침을 먹고 병원에 갔다가 집에 돌아와 저녁을 드셨고 할머니는 저녁을 먹고 병원에 갔다가 아침을 먹고 집에 돌아왔다. 엄마는 밤이 오길 기다렸을 것이고 할머니는 낮이 되길 기다렸을 것이다.

  그런데 하루는 할머니가 오셔야 할 시간에 오시질 않아 엄마가 전화해 보니 할머니가 집에서 김치부침개를 부치고 계셨다. 모처럼 들뜬 목소리였다고. 주변에서는 활기찬 웅성거림까지 들렸다고.

  나는 현진건의 〈운수 좋은 날〉을 떠올렸다. 아마도 소파에 덩그러니 누워 TV나 보며 병원 생각은 잊으려 애쓰던 할머니를 찾아온 이웃 주민에게 우리 집에 이런 놀랄 일이 있다며 마음을 토로하는 대신 김치부침개를 대접하기로 한 할머니는, 소설 속 김첨지와 다르지 않았다. 이웃 주민들이 그렇게 반가운 적도 없었을 것이다.

어떤 공포와 두려움은 그 자체의 에너지가 너무 거대해, 마주하지 않을 수만 있다면 무엇이든 하게 만든다. 그래서 인간이 인간을 죽이기도 하지 않는가. 때아닌 결단력과 용기를 선물받는 거다.

할아버지가 얼마나 더 살 수 있을지를 거의 정확히 예측할 수 있다는, 어젯밤에 뽑아 간 피검사 결과를 듣지 않을 수만 있다면. 아침부터 회진 도는 의료진 무리와 마주치지 않을 수만 있다면. 할머니는 김치부침개를 밤새 부칠 수도 있겠다고 생각했을 거다. 제발 무슨 일이든 좋으니 지금 병원에 갈 수 없는 이유를 만들어 제게 보내 주소서.

남편이 저러고 병원에 누워 있는데 아내라는 사람이 이웃에게 김치부침개 해 먹이느라 병원에 나타나지도 않았다며 큰며느리에게 '황당한 시어머니'가 되는 일 따위, 아무 일도 아니었을 거다. 그리고 그날 할머니는 병원에 가지 않고 김치부침개를 부쳤기에 다시 병원으로 돌아갈 수 있었을 거다. 반죽의 점도를 맞추기 위해 밀가루를 더 투하하거나 물을 더 붓고 불의 세기를 키웠다 낮췄다를 반복했기에, 할머니는 자신의 자리가 어디인지 깨달을 수 있었을 거다.

덕분에 앞치마를 벗고 기름 냄새 밴 옷을 갈아입고서 끝내는 병원으로 걸음할 수 있었으리라. 이 사람이 곧 죽을 수도 있다 떠들어대는 의료진에게 인사를 꾸벅하고 돌아서서는 곧 죽을 수도 있다는 남편의 눈을 쳐다볼 수 있었으리라.

김치부침개의 반죽과 기름 냄새에 숨고 싶었던 할머니도 결국은 죽었다. 남편의 죽음 앞에서 그토록 겁먹고 무너지던 할머니는 자신의 죽음 앞에서 얼마나 무서웠을까. 어쩌면 치매를 앓다 돌아가신 것이 다행인지도 모르겠다.

무슨 말이든 꼭 옆에 있는 사람 팔을 붙들고 말씀하시던 할머니의 무덤 봉분이 아직 시뻘겋다.

★

20년 지기 친구의 남편과 어쩌다 마주치면 우리는 서로 예의를 갖춰 인사하고 인사하기 무섭게 다시 인사하고 헤어진다(하지만 어쩐 일인지 서로의 아주 내밀한 가치관이나 말버릇 같은 건 다 꿰고 있다). 그는 친구에게, 내가 계속 글을 쓰고 싶다면 자신이 중증 장애아 엄마라는 사실을 넘어서야 한다고 말했다고 한다.

이렇게 하나도 안 친한데 서로 지켜본 시간이 아주 긴 사이에서 듣는 조언은 보통 맞는 말이다. 듣고 보니 정말 맞는 말인데 어떻게 해야 하는지를 모르겠다. 방법은 모르겠지만 그걸 하고는 싶을 때 인간이 할 수 있는 일은 사실 정해져 있다.

그냥 계속 해 보면 된다. '못 먹어도 고'라는 마음으로.

그럼에도 닿고 싶은 세계가 있다

*

그럼에도
닿고 싶은 세계가 있다

      투고 원고에 대한 출판사의 반려 메일은 대개 감사로 시작한다.
"귀하의 귀한 원고를 보내 주셔서 감사합니다."
다음은 본론. 거절 의사가 직접적으로 등장할 차례다. '당신의 책을 내 줄 수는 없다'는 출판사의 의중을 똑바로 알아차리는 데 도움을 줄 문장들이 등장한다. 글 자체의 문제가 아니라 때마침 자신들에게 특별한 사정이 있는 듯한 뉘앙스를 풍기는 게 보통이다. 흔하게는 출판사가 추구하는 방향과 투고된 글의 방향이 다르다는 이유를 든다.

이제 맺음말이다. 앞서 거절의 말을 에둘러 전한 것이 영 마음에 걸리는 경우 다시 한번 '우리 쪽에서는 네 책 절대 못 내 줘' 입장 표명이 이어질 수 있다. 나를 확실하게 배웅하려는 거다. 그런데 이때, 놀라운 일이 벌어진다. 낙담하려던 내 마음이, 갑자기 여기서 멈추지 말고 어디 한번 끝까지 밀어붙여 보자는 각오로 변모한다. 바로, 메일 끝맺음에 등장하는 나를 향한 출판사의 기도에서다.

수없이 받아 본 기도로는, 건필하시라는 내용이 가장 많았다. 건승도 아니고 건필이라니요? 그 말을 처음 들었던 초창기 '투고 원고 반려 메일 수신자'로서의 나는 건필이라는 단어에 마음이 웅장해졌다. 그 메일을 받은 것만으로도 마치 내가 '필'을 업으로 삼은 직업 작가가 된 듯 뭉클해지며, 비록 거절의 말이지만 긴긴밤 혼자 써 온 글을 누군가 읽었다는 사실에 고마운 마음이 드는 거다. 그런데 그 기도 구문 중에서도 나를 크게 감동시킨 것이 있었으니 바로 다음 문장.

"부디 눈밝은 출판사를 만나 이 글이 책으로 출간될 수 있기를 바랍니다."

캬, 문장 서두에 '부디'라는 부사를 배치하여 진정성을 유추할 수 있도록 세심히 디자인한 문장력. 그 작은 부사의 등장이, 당신의 마음은 사정상(당신의 책을 내 줬다가는 우리 출판사가 힘들게 쌓아 온 자산과 명예의 손실을 감당해야 할지도 모르는 관계로) 받아줄 수 없지만 당신의 그 집념과 의지를 응원한다는 말로 들리게 한단 말이지.

자신을 낮춰 상대의 기분이 최대한 덜 상하게 배려하는 그 인류애적인 문장은 나를 놀라게 하는 동시에 위로했다. 내 원고가 잘못된 게 아니고 내 원고의 가치를 그들이 못 알아본 거라는 문제의 '외부 귀인' 작업이 나를 정신 승리의 경지로 이끈 것이다. 하여 거절 메일을 받았음에도 기분이 한결 나아지는 이상 현상을 경험한다.

그나저나 이 놀라운 표현을 처음 쓰기 시작한 출판업계 종사자는 누구십니까? 당신, 지금 우리나라 출판사 여기저기서 그 '기도문' 갖다 쓰고 있는 거 알고나 계시는지요? 반려 메일을 받으면 받을수록, 나는 그 문장을 처음 쓴 이에게 이거 다들 저작권료라도 좀 내야 하는 거 아닌가 혼자 갸우뚱하게 되었답니다.

***

 두 권의 책을 출간하는 동안 내가 알게 된 것은, 책을 내려면 우선 글이 출판사 마음에 들어야 한다는 사실이다. 그 당연한 말을 왜 하는고 하니, 이전에는 몰랐기 때문이다. 나는 내가 감동시켜야 하는 대상은 독자라고 생각했다.

 출판사가 하는 일이란 독자를 감동시킬 글을 써 낼 저자를 찾는, 마치 어딘가에서 작가를 꿈꾸며 글을 쓰고 있을 누군가를 구조해주기 위해 존재하는 비영리단체 비슷하게 생각한 거다. 아직 어설프고 다듬어지지 않아 오직 '가능성' 정도만 보이지만 그 가능성에 힘을 싣고 뭔가 순수하고 낭만적으로 밀어붙이는, 드라마에 나올 법한 연예기획사 캐스팅 기획자 같은 역할을 하는 곳이라 기대했달까? 길거리를 돌아다니며 눈에 띄는 외모나 매력, 아우라를 가진 이들을 찾아내 명함을 건네고 비장한 표정으로, 당신과 함께라면 우리 대한민국에서 뭔가 일을 내도 제대로 내 볼 수 있겠어요, 라고 말하는 사람들이 출판하는 사람들일 거라고 혼자 상상해 온 거다.

 그러나 출판사는 회사다. 자신들의 지속적인 영업 가능성

및 이윤 보장이 확보될 거라 판단될 때만 자금 투자 결정을 내리는 것이 상식적인 완전 영리단체. 될 것 같은 원고에 투자하고는 그게 터지면 좋고 아니면 말고 정도의 '감으로' 운영해서는 지속적인 영업 여부가 보장될 수 없는 이익집단. 분기별로 매출액과 순익을 계산해 그 추이를 살피고 원인을 분석한 뒤 앞으로 어떤 책을 만들어 어디에 어떻게 팔지를 밤새 고민해야 하는 존재가 바로 출판사다. 확신을 갖고 공들여 책을 만들어도 막상 독자들의 반응은 확신할 수 없는 출판 시장. 게다가 고기만두를 만드는 회사처럼 샘플을 돌려 소비자의 반응을 살펴 가며 맛을 수정할 수도 없는 노릇이니 최대한 보수적으로, 일단 될 것 같은 글에 투자하는 게 상식인 곳이 바로 출판계다.

출간 계약이 성사되고 나면 원고를 처음부터 다시 손보는 과정을 거친다. 저자 혼자 써 온 글이 독자가 읽을 수 있는 책이 될 수 있게 하는 거다. 가교 역할은 편집자가 맡는다. 가독성을 해칠 만한 부분에 대한 의문과 지적, 물음과 제안, 개조와 도전의 연속의 연속의 연속. 수정 작업은 몇 번이고 반복된다.

그 지난한 시간들은 글을 깊어지게 만들었겠지만 결코 만만치 않았다. 나를 베어 내고 부수고 생채기를 낸 뒤 그 상처가 아물기를 기다렸다가 다시 베어 내고 부수고 생채기를 내는 과정의 반복. 사실 가장 힘든 건 내 생이 세상의 전부가 아니고, 내가 틀릴 수 있다는 진리를 받아들이는 일이었다. 나 아니면 대체 누가 이런 놀라운 문장을 쓸 수 있겠나, 이것이야말로 역사에 길이길이 남을 문장이며 내가 어쩌다 노벨문학상이라도 타게 된다면 바로 이 문장 때문일 거다 싶었던 부분에 빨간 줄이 그어진 채, '이건 빼는 게 어떨까요?' 라는 편집자의 코멘트가 담긴 교정지를 마주해야만 한다. 그 당혹스러움이란, 내 생각이 모두의 생각은 아니라는 것을 깨닫게 될 때의 부끄러움이란 결코 반갑지 않지만 그런 순간들이 모여 나를 바꾸고 끄집어내 어딘가로 데려다 놓을 것을 알고 있었다. 그렇게 글은 서서히, 아주 천천히, 진짜 나의 글이 되었다.

반려 메일을 받으면 좌절스럽다. 내 글이 어디가 어때서! 부족하다는 확인, 기준에 좀 못 미친다는 확증 앞에 '한 사람의 판단이 모든 이의 판단은 아닐 거라' 믿고 싶으면서도 어느 정도 무너지는 건 각오해야 한다. 애초에 그들의 판단을 신뢰했기에 보낸 원고였다. 그러니까 그 좌절은 어딘가로 가기 위해 지나가야만 하는 길. '잘하면' 가수로 데뷔할 수 있을지도 모를 오디션 프로그램의 우승 기회 앞에 선 출연자가 파이널 무대에서 경연을 치르듯 나도 나만의 경연을 치러야 하는 거다. 쉬운 길이 없다. 세상에 공짜는 없다. 이제는 그걸 안다.

 동경하는 세계가 마음 안에 있는 사람은 그 세계 덕분에 앞으로 달려갈 힘을 얻지만 그 대가로 자신을 초라하다고 여길 가능성을 함께 얻는다. 자신은 아직 당도하지 못한 세계 안에서 이미 이름을 얻어 성공한 이를 경외심과 존경심, 부러움의 눈으로 바라보게 되는 건 자연스러운 일. 누군가를 우상화하고 이상화하는 과정은 동경하는 세계 건립의 필수 요소다. 거의 주조연급의 배역. 환상은 언제나 우리를 환상적인 곳으로 이끌어 줄 견인차이자 마중물임을 잊지 말 일이다. 그렇게 도착한 곳이 과연 환상적인가의 문제와는 별개로!

 그렇다면 내가 도서 판권에 조그만 글씨로 적혀 있는 출판사 공식 메일 주소를 한 글자 한 글자 확인해 적어 넣고

메일로 투고한 뒤 수신확인 상황을 수시로 체크하는 것도 어쩔 수 없는 일이겠다. 작가가 되길 바라는 시간 동안 수없이 빚져 온 출판사들, 밤새 끌어안고 싶을 정도로 아름다운 책들을 낸 그곳의 누군가가 나의 글을 읽었다고 생각하면 너무 긴장되는 동시에 내가 벌써 뭐라도 된 듯한 망상이, 용감하게 투고하게 만드는 원동력일 테니까.

그러니 이 원고를 투고한 뒤 출판사에서 받은 답장이 감사로 시작해 기도로 끝난다고 해도 실망하지 말자. 그들이 나를 미워하거나 글 그만 쓰라는 말을 하고 싶어 반려 메일을 쓴 것이 아님을 잊지 말자. 그저 안 팔릴 거 같으니 못 내준다고 한 것뿐이다. 그 이상도 이하도 아니다. 유 갓 잇?

미명지담 모임에서 이 얘기를 했더니 미나 언니 하는 말이 이렇다.

"그럼 그냥 눈먼 출판사를 찾아. 너의 원고에 눈이 멀어 홀린 듯 순간적으로 계약을 체결할 그런 출판사를!"

*

대학 친구 모임 미명지담 네 사람 중 내가 제일 먼저 엄마가 됐다.

아이를 낳고 아이가 아직 대학병원 신생아 중환자실에 있었을 때, 그들에게서 반지 선물을 받았다. 전체에 반짝반짝 빛나는 큐빅이 박혀 있는 반지. 아기 엄마란 큐빅 박힌 반지를 낄 일이 없다는 걸 친구들이 아직 몰랐기에 할 수 있는 선물이었다.

아이 엄마가 됐건 아니건, 그 아이가 아프건 아니건, 그러니까 내가 어떤 상황과 어떤 시절을 겪고 있든 나는 나라는 것을 잊지 말라는 그들의 응원이었다.

나는 한동안 아이를 누군가에게 맡기고 외출할 때마다 그 반지를 꼈다. 반지 낀 손으로 뭔가를 쓰고 먹고 들다 보면, 이상하게도 정말로 힘이 좀 났다. 때로는 잘 모르기에 할 수 있는 말들 속에, 잘 모르기에 전달받은 응원 속에 나 홀로 찾아 헤매던 질문들의 정답이 있다.

꼭대기 층에도 층간소음이 있다

*

꼭대기 층에도
층간소음이 있다

아파트 엘리베이터에 같이 탄 어르신이 내게 이렇게 물었다. "아이고, 꼭대기 층 살면 여름에 안 더워요?" 겨울엔 질문이 바뀐다. "아이고, 꼭대기 층 살면 겨울에 안 추워요?"

처음엔 사실대로 대답했다. "여름엔 에어컨 틀고 겨울엔 난방 틀고 지내서 잘 못 느끼고 살아요." 그랬더니 곧장 반대 의견이 제시됐다. "아닐 텐데? 나 아는 사람 보니까 꼭대기 층 살아서 엄청 고생하던데?"

아, 듣고 싶은 정답이 있는 질문이었구나? 오케이. 그래서 다음에는 이렇게 대답해 봤다. "네, 여름에 엄청 더워요. 겨울엔 너무너무 춥고." 그랬더니 내 대답이 만족스럽다는 듯 고개를 몇 번 끄덕이던 그는 엘리베이터에서 내리며 세상 교양 있게 내게 인사한다. "아이고, 그럼 올라가십시오."

내가 꼭대기 층으로 이사 오게 된 데는 이전에 살던 집에서의 층간소음 경험이 큰 역할을 했다. 아예 위층에 아무도 살지 않는 꼭대기 층으로 가고 말리라 다짐했다. 그런데 꼭대기 층에 살아 보니 놀랍게도 꼭대기 층에서도 층간소음이 들렸다. 심지어 아파트 옥상에 누가 살기라도 하듯 큰 소리도 들렸다.

그런데 하나도 화가 나지 않았다. 지금 시간이 몇 신데 저 사람들이 지금, 같은 생각이 들지 않자 소음이 아닌 그냥 소리로 들리는 것이 아닌가? 지금 저 소리가 위층의 누군가가 내는 소리가 아니라는 사실의 확인만으로도 흥분하지 않게 된 거다.

덕분에 여태 나를 괴롭혀 왔던 건 소음 그 자체가 아니었음을 알게 되었다. 미안하다 소리 한 번을 끝내 하지 않던 '위층 사람'이 늦은 밤 또다시 쿵쾅거리면서 나를 조금도 의식하지 않았다는 확신을 마음에 품느라고 그렇게 힘들었던 거다. 일부러 더 크게 저러는 것 같다는 내 피해의식이, 그간 나를 괴롭혀 온 진짜 정체인지도 몰랐다.

꼭대기 층에 살다 보니, 좋은 점은 따로 있었다. 비가 오는 날 화장실에서 지붕 위로 비가 쏟아지는 소리를 들을 수 있는 일. 눈을 감고 있으면 비를 피해 어느 처마 밑에 서 있는 기분이 든다. 비가 오면 우산 위로 떨어지는 빗소리를 들으려고 집 앞 편의점이라도 다녀오는 나로서는 여기가 천국일세(단 가급적 눈을 감을 것).

거실에서 지붕 위로 날아가는 새들을 볼 수 있는 것도 좋다. 우리 집 바로 위 지붕에서 쉴 작정으로 멀리서 날아오는 새들이 서서히 속도를 줄이면 지붕 위에 안착하기 전 새들의 매끈한 배가 다 보였다.

꼭대기 층에 살아서 '기대했던 만큼' 층간소음이 없었다면 그건 그것대로 만족스러웠을 것이다. 하지만 그렇다고 행복을 느꼈을지는 역시 알 수 없다. 어떤 즐거움과 위로 같은 것들은 대개 생각지도 못한 것들로부터 오는 법이니까.

한 번도 생각지도 못한 방식으로 말이다.

***

 아이가 사랑스러운 때는 아이가 내 뜻대로, 내 희생과 노력에 시원하게 보상하듯 할 줄 모르던 것을 마침내 하게 됐을 때가 아니었다. 내가 기도하는 그대로, 아이가 고개를 가누고 몸에 힘을 주지 않으면서 먹여 주는 밥 척척 잘 받아먹을 때 아이가 사랑스러운 게 아니었다. 아이로 인한 행복은 생각지도 못한 순간에 왔다. 아이가 순간 꽤 집중하는 듯한 눈을 하더니 방귀를 뿡 뀌고는 그 소리에 재밌어 자기가 크게 웃을 때, 혹시 경기 전조 증상인가 싶어 옆에서 잔뜩 긴장하고 있던 나는 웃지 않을 수가 없다. 유치 뽑으러 간 치과에서 의사에게 저항하듯 으르렁거리며 눈에 불을 켤 때, 그럴 때 이 아이가 나의 짐(만)이 아니라 나의 샘이기도 함을 알았다. 나를 죽이고 또 살리는 게 요놈이구나 싶다.
 남편에게 고마운 마음이 드는 순간은 남편이 본능을 거슬러 내 감정을 헤아리려고 노력하며 내가 듣고 싶은 말을 해 줄 때가 아니었다. 내 성질머리에 맞춰 주려고 나름 최선을 다해 노력할 때가 아니었다. 그랬다면 고맙기는 했을 것이다. 드디어 계몽됐다며 그간의 노고를 보상받은 듯 만족했을 수도 있다. 그러나 그게 나를 행복과 기쁨으로 데려가 주었을지 그건 잘 모르겠다(아, 이건 진짜로 가본 적이 없어서 모르는 것임).

남편으로 인한 기쁨은 생각지도 못한 곳에서 왔다. 아픈 애만 돌보다 인생 다 보낼 순 없다며 내가 돌연 핸드메이드 머리핀 사업을 하겠다고 선포했을 때. 그러더니 석 달 뒤(이미 리본 연구비로 70만 원쯤 쓴 시점) 도저히 사업성이 안 나온다며 때려치우겠다고 말했을 때. 남편은 가슴을 쓸어내리며 이렇게 말했다.
"휴, 오늘만을 기다렸어."
그 말을 하며 남편이 웃는데, 그 웃음을 바라보고 있자니 그가 여태 내게 말없이 내어 준 품의 크기가 느껴졌다. 내가 하려고 하는 것들을 그가 함부로 평가하거나 말한 적 없었음이. 그거로 무슨 돈을 벌겠냐거나, 그렇게 생각을 좀 하고 일을 저지르라며 비아냥거리거나 그러고 싶은 표정 비슷한 것도 그는 지은 적 없었음이 모두 떠올랐다. 실은 온전히 존중받고 있었다는 사실. 거기엔 설명할 수 없는 감동이 있었다.

그러니 어찌 됐든, 더 살아 볼 일이다. 기대했던 것이 완전히 무너지고 모든 것이 예상 밖의 전개로 펼쳐진다고 해도, 기쁨과 행복이 어디서 어떤 식으로 나타날지는 아직 알 수 없으므로.

*

아무리 행복 찾는 일을 그만하려고 해도 쉽지는 않지 싶다. 의미를 찾거나 의미를 부여하는 일을 관둔다는 건 결코 쉬운 일이 아니다. 그렇다면 그냥 평생 그 짓을 반복할 수밖에 없지 않을까? 차라리 행복을 찾고 생의 의미를 찾으려고 몸부림치고 한 번씩 허탈해하겠다고 마음먹는 쪽이 나을지도 모른다.

그 사람이 하는 말 속에, 그 사람의 두려움이 있다

*

그 사람이 하는 말 속에,
그 사람의 두려움이 있다

　　　　　　교외의 커다란 카페에 갔다가 이상한 아이 하나를 만났다.

　복도를 향해 뚫려 있는 한쪽 면을 제외하고는 분리된 개별 공간이 마주 보는 형태로 지어진 카페였다. 각 방에는 누워 쉴 수 있게 빈백도 하나씩 놓여 있는, 대놓고 실컷 쉬고 가라고 만든 장소였다.

　우리는 운 좋게 방 하나를 차지하고 앉아 각자 할 일을 하고 있었다. 아이는 내 허벅지에 다리를 걸치고 누워 동요를 듣고 있었고 남편은 빈백에 누워 막 잠이 들었다.

　복도 건너 앞방에서 시작된 대화가 복도 가까운 쪽에 앉아 책을 읽고 있던 내 귀에 들려오기 시작한 건 우리 방이 조용해서이기도 했겠지만 남자아이의 음성에 섞여 들려오는 어른들의 말이 묘하게 수상했기 때문이다. 아니, 누구랑 사느냐는 질문이 왜 나와 저기서? 나는 저 아이가 지금 유괴 위험에 처한 건 아닐까 싶어 본능적으로 귀를 기울인다.

　두 여자 어른과 두 남자아이가 있는 그 방에서 할머니랑 엄마랑 같이 살고 있다는 아이의 대답이 흘러나오고 추가 질문이 이어진다. "아빠랑은?" "아빠랑은 안 살아요."

　이로써 애간장이 녹는 건 어른 쪽이 됐다. 그 사연을 더 파 볼지, 이쯤에서 멈출지 결정해야 한다. 그 아이가 얼마나 순진한 아이인지, 그러니까 그런 종류의 질문을 받는 것이 아이의 마음에 상처가 되는지 아닌지를 어른들 쪽에서 가늠하고 있다는 느낌이 들자, 유괴 현장은 아니라는 생각이 들었다.

　조금 더 들어 보니 유괴는 무슨, 피해자는 아이가 아니라 어른들이었다. 그 애가 초대받지 않은 저 방에 들어가 주인

행세를 하고 있는 거였다. 그래서 황당한 어른들이 너 도대체 누구랑 사느냐는 무례한 질문을 아이에게 해 버린 거였다(아빠랑은 왜 안 사느냐는 질문은, 호기심을 참지 못한 것이었을 테고).

몇 분쯤 대화를 이어 나가던 어른들도 더 이상 할 말이 없어졌는지 이제 슬슬 나가 달라는 식으로 아이를 달래기 시작한다. 할머니가 걱정하실 거란 말로 아이를 방에서 내보내려 애를 쓰고 있는데 그때 분위기를 알아차린 아이가 잔뜩 기죽은 목소리로, 이렇게 말했다. "친구랑 놀고 싶어서 그랬어요."

그 한마디로 그 애는 어른들의 입을 즉시 다물게 했다. 정작 그 집 남자애에게는 말 한 마디 걸지 않다가 뻔뻔하게 마지막에 사람을 이용할 줄 아는 아이의 영악함에 나는 슬퍼졌다. 그리고 그때, 여태 한 마디도 않고 있던 그 집 애가 드디어 입을 열었다. "쟤 나랑 친구 아니에요."

바닥에 엎드려 말없이 평온히 게임을 하던 그 남자애는, 누가 봐도 그 집 애였다.

그런데 그 방을 떠나려고 신발을 신은 아이가 한 발짝 떼지도 않고 폴짝, 우리 방으로 건너왔다. 들어가도 되느냐는 동의를 구하지 않고 넘어온 수준이 아니고, 당신네들이 동의하지 않는다 해도 하는 수 없어, 에 가까운 태도.

그때 건넌방 어른 하나와 내 눈이 마주쳤다. 구경꾼으로서의 재미는 이제 저쪽으로 넘어갔고 폭탄이 이쪽으로 넘어온 것이다.

아이가 곧장 잠든 남편 뒤쪽으로 향한 건 전혀 예상치 못한 경로였다. 빈백 위에 누워 잠이 든 남편의 목덜미를 그 애가 와락 끌어안을 줄은 더더욱 예상하지 못했고.

끽해야 우리 방 구석에서 쭈뼛대며 내 눈치를 살살 보는 장면을 예상했던 내가 너무 순진했고, 이제 겨우 여덟 살쯤 되어 보이는 그 애는 나중에 커서 대담하게 큰 사업을 벌여 떼부자가 되거나 사기꾼이 되거나 둘 중 하나일 것만 같은 느낌을 풍겼다.

놀란 남편이 벌떡 일어나서는 상황을 파악하는 동안 그 애가 잔뜩 긴장한 채 남편을 보며 웃었다. 부자연스럽게 몇 초간 지속되던 그 어린아이의 미소는 아마 잊을 수 없을 것이다. 무례한 짓을 저질렀음을 충분히 인지하고 있는 웃음. 혼나도 별 수 없음을 알지만, 기왕이면 혼내지 말아 달라고,

예쁘게 좀 봐 달라며 있는 웃음 없는 웃음을 다 끌어다 쓴 그 미소 앞에 어떤 표정을 지어야 할지 감도 오지 않았다. 자신을 지키는 방패로서 웃음을 택하느라 안면 근육이 터지기 직전인 그 아이는 꼭 울고 있는 것 같았다.

나는 그 애가 저 표정을 자유자재로 꺼내 쓸 수 있게 되기까지 지나야 했을 모든 시간을 떠올린다. 어떤 형태와 질감을 가졌을, 어떤 소리와 냄새로 기억될 그 시간들을.

그러나 이해의 영역과 감정의 영역은 좀처럼 같질 않아 그 애가 마침내 나를 향해 웃기 시작하자 감정이 요동치기 시작했다. 시력이 안 좋은 남편이 안경을 벗고 누워 있다가 상황을 알아차리는 동안, 혹시 모를 상황(이 아저씨가 갑자기 소리를 친다든가 하는)에 대비해 그나마 자신의 편을 들어줄지 모를 사람으로 나를 점찍어 웃기 시작한 그 애의 영악함에 화가 난 것이다. 경험으로, 아이를 키우는 집의 엄마들이란 기본적으로 그리 모질지 못하다는 걸 그 애는 알았을 거다.

그날 그 애가 내 어디를 어떻게 할퀸 건지는 모른다. 그 애를 그렇게까지 만든 시간들에 대한 분노였는지. 저렇게 애를 낳아 놓고 돌보지도 못할 인간들도 저렇게 건강한 애를 낳는데, 싶어 그 애들 부모를 부러워했던 건지도 모른다.

그 애는 우리 방을 나가면서도 "친구랑 놀고 싶어서 그랬어요"라고 말했다. 내 아이 한 번을 쳐다보지 않고도 그 애는 그런 말을 할 줄 알았다. 이런 대접을 하면 억울하다는 듯이. 당신들이 내 의도를 완전히 오해했다는 듯이.

***

  우리 방을 빠져나간 그 애가 별안간 다시 건너편 옆방으로 폴짝 뛰어 들어가는 것까지 보고는 나도 고개를 돌렸다. 잠시 뒤 그 애의 할머니인 듯한 나이 든 여자가 아이를 데리러 급히 그 방에 들어가 애를 거의 끌고 나오며 죄송합니다 죄송합니다, 연거푸 허리를 숙여 사과했다.

  카페를 나설 때 보니 그 애는 다시 사라지고 없고 아까 그 애의 할머니가 방에서 동행한 지인과 수다를 떨고 있었다. 마치 그 애를 잃어버려도 상관없다는 듯 오직 대화에 몰두한 모습. 아, 그래. 저렇게 해야만 저 아이를 버리지 않고 계속 키울 수 있는 거겠지.

  시간이 많이 흘러 그 애가 어른이 된 뒤에 자신의 어린 시절을 추억하며 이렇게 말하는 날이 결국 올까. 이거 진짜 누구한테 한 번도 말한 적 없는 부끄럽고도 슬픈 얘긴데 말이야. 내가 어릴 때 무슨 말을 입에 달고 살았는지 알아?

그러나 그 말을 누군가한테 내뱉으며 동요하지 않는다면, 그 날은 그 애가 모든 것을 껴안은 날이 될 것이다. 지난 날의 자신에게 비로소 안녕을 말하는 날이 될 것이다.

*

총 123층, 높이 555m의 롯데타워 꼭대기까지 계단으로 올라가는 수직 마라톤.

나는 그 행사에 2년 연속 참여했는데 40분대의 기록을 냈던 작년에 비해 올해는 6분이나 기록이 단축됐다. 단축한 게 아니다. 그냥 그렇게 됐다.

체격과 체력이 작년에 비해 딱히 달라지지 않았는데 어떻게 된 걸까 생각해 보니, 작년에는 123층을 걸어 올라가는 내내 지금 몇 층까지 올라왔고, 그럼 앞으로 얼마나 더 올라야 한다는 건지 층층마다 계산하며 올랐는데 올해는 그냥 아무 생각 없이 걸었던 것, 그냥 끝까지 걸어 올라갈 수 있다고 당연하게 믿은 것. 차이는 그뿐이다. 그래서 숨을 들이마시고 내쉬는 속도를 일정하게 조절할 수 있었나 보다. 호흡만 신경 썼는데 어느새 정상이었다.

극과 극은 정말로 이어져 있을까?

극과 극은
정말로 이어져 있을까?

매우 상반된 인생관을 가진 수영하는 두 50대 여자의 이야기를 해 보겠다. 한 명은 내가 처음 수영을 배운 곳에서 만난 'M'이고, 또 다른 여자는 지금 다니는 수영장에서 만난 '평영의 신'이다.

M은 우리 수영장에서(최소한 오후 3시 타임엔) 제일 빠른 사람이었다. 최고 빠른 레인에서 1번에 서는 회원이었고, 그 레인의 2번과도 차이가 많이 나는 압도적인 실력의 소유

자. 당시 M은 50대 중반이었는데 희한하게, 언니(수영장에 선 웬만하면 언니임)라고 부르고 싶지가 않은 여자였다. 나는 그녀를 M이라고 불렀다.

그녀의 인생관을 엿볼 수 있는 수많은 일화 중 가만 보자, 그래, 이 얘기를 하면 되겠다. 그녀가 한 번씩 쓰고 나타났 던 태극마크 달린 수모 이야기.

수영장에 나를 보러 와 관람석에 잠시 앉아 있던 내 친구 는 이렇게 물었다. "그런데 그 국가대표 수모 쓰고 있던 사 람은 뭐야?"

M과 좀 친해진 뒤 태극기 그려진 수모는 왜 쓰는 거냐고 묻자 M은 갑자기 풉, 하고 웃더니 수줍지만 꽤 진지하고 당 당하게 말했다. "뭐긴 뭐겠어. 마음가짐이라도 국가대표라 고 생각하고 임하려는 거지."

그러더니만 2019년 우리나라에서 세계수영선수권대회 가 열렸을 때 M이 거기 출전했다. 마스터즈 부문 시합이었 고 종목은 접영 100m. 경기는 유튜브를 통해 전 세계에 생 중계됐다. 그녀는 정말로, 기어이, 코리아의 이름으로 세계 대회에 출전하고 말았던 것이다. 아이가 아프다는 내게 M 은 지금처럼 씩씩하게 살면 된다고 말해 주었다. 그렇게 꿋

꿋하게, 언제나 당당하게.

M은 마흔여덟이 됐을 때 발차기부터 시작해 처음 수영을 배웠다고 했다. 이 수영장이 바다라고 생각하며 25m 완주부터 시작했다고. 지금은 수영 강사로 일하고 있다. 올해 나이가 아마 60이 다 됐을 것이다.

한편, 평영의 신의 인생관으로 말할 것 같으면 '절대 무리하지 않는다'인 듯하다. 그 근거로 그녀의 말버릇을 들 수 있겠다. '에이, 그거 한다고 뭐'와 그것만큼 자주 말하는 '그거 안 한다고 뭐'.

그녀를 '평영의 신'이라 부르는 이유는 나처럼 무리하거나 숨 헐떡이지도 않는데 나보다 훨씬 빠르기 때문이다. 그래서 평영 할 때는 내 앞에 서라고 자리를 바꾸자 하면 평영의 신은 이렇게 말한다. 이거 자기 앞에 선다고 뭐.

모든 것에 대수롭지 않다는 듯 삶을 대하는 평영의 신은 내 아이에게 중증 장애가 있다는 것을 처음 알았을 때도 꽤나 담백한 반응이었다. 내가 지금의 현실을 어느 정도로 받아들였는지, 그러니까 자신의 말에 얼마나 흔들릴 수 있는 상태인지 일절 간 보지 않았다. 아니, 오히려 그걸 내게 직접 묻는 여자였다.

집에서 아픈 아이를 돌보는 것 외에 딱히 아무것도 할 수 없는 내 처지에서 오는 갈증을 토로했을 때 평영의 신이 내게 하는 말도 달랐다. 그녀는 내게 독일 유학을 권했다(9층 아주머니에게서 저녁에 같이 춤추자는 말을 들었을 때만큼이나 크게 웃었음). 학비 부담이 없고 유럽은 장애인에 대한 인식도 우리나라와 다르니 편할 거라고. 공부했던 심리학을 거기서 계속해 보는 건 어때?

아는 독일어라고는 구텐탁밖에 없다고 말했더니 그건 전혀 문제가 되지 않는다고 했다. 그냥 지금부터 독일어를 공부하면 된다고. 수영하는 거 보면 딱 알아, 자기는 금방 배울 수 있을 거야.

편견이 없다고 해야 할지, 경계가 없다고 해야 할지 모르겠다.

나는 오래도록 이 두 사람을 완전히 다른 유형으로 인식해 왔다. 한쪽은 철저하게 자신을 관찰하고 삶을 통제하며 제 인생의 모든 장면을 옳고 그름, 혹은 나아지고 있느냐 아니냐 등으로 평가하고 분별한 뒤 점수 매기는 사람으로. 그러니까 '뭘 그렇게까지 하나' 싶을 정도로 '그렇게 해서' 기어이 뭔가를 해내고 마는 사람으로. 다른 한쪽은 규정하거나 정의하는 일을 본능적으로 혹은 노력으로 기피하며 경계를 흐릿하게 하고 통합하는 사고를 가진 사람으로. 뭐 하나에도 죽어라 애쓰지 않기에 오히려 모든 것으로부터 자유로운 사람으로.

그 둘을 적절히 섞은 사람이 되고 싶었다. 원으로 치면 원의 지름 양 끝점에 그들을 한 명씩 두고서 정확히 중앙에 서고 싶었다. 양쪽의 장점만 쏙쏙 뽑아 취한 정반합의 결정체, 나는 그것이 되고 싶었다. 어디에도 치우치지 않고 균형 잡고 서 있으면서도 자유자재로 양쪽의 성질을 조금씩 발휘할 수 있는 지혜의 신!

이제는 M과 평영의 신이 서로 다른 유형이라고 분별했던 건 나의 편의에 의한 일방적인 시선이었다는 생각이 든다. 그들을 어떤 '성격'이나 '사람'으로 규정하고서 고정된 대상으로 여겼다. 그럴 리 없는데 말이다.

그 두 사람은 너무 다른 유형의 두 사람이 아니라 그냥 M이고 평영의 신일 뿐이다. 그들도 나처럼 무엇이든 될 수 있는 동시에 무엇도 되지 않아도 괜찮은 존재일 뿐이다. 이랬다가 저랬다가 줏대 없이 말을 바꿔 가며 살아도 되는. 왔다 갔다 해도 괜찮은 존재.

정반합은 무슨. 지혜의 신은 무슨. 카뮈조차도 이랬다가 저랬다가 마음이 자꾸만 왔다 갔다 해서 결국 이 표현을 생각해 내지 않았겠는가?

덧없는 동시에 둘도 없는 것임을.

그에게 묻고 싶다. 그래서 당신은 저 글을 쓴 뒤로 언제까지나 덧없는 동시에 둘도 없는 것임을 기억하며 살았냐고.

나는 언제까지나 흔들릴 테다. 한쪽으로 완전히 치우쳐 쓰러지지 않을 방도를 모색하는 것 정도가, 엉거주춤 서서 아슬아슬하게 쓰러지지 않는 것 정도가 내가 할 수 있는 최선일지도 모른다.

그래도 계속 가 보겠다.

혹시 아는가? 뭐 재미있는 일이 일어날지도.

*

잘난 척하며 살고 있지만, 부서진 나를 일으켜 세운 힘이 내 안에서 나온 게 아님을 잘 알고 있다. 나 혼자만의 힘으로 여기까지 왔을 리가 없음을 안다.
연대와 공감. 그것은 내가 원하면서도 결코 원하지 않는 것.
그러나 이제, 그곳에 무지개가 있음은 알겠다.

보이는 것 그 너머에

보이는 것 그 너머에

　　　　　　구청에서 보낸 우편물을 등기로 받았다. 장애인 복지법 제32조 제3항 및 동법시행규칙 제7조 제2항에 따라 장애 정도를 재판정받아야 한다는 내용의 통보문이다.
　나를 기다리고 있을 몇몇 전화 문의와 진료 예약, 검사 진행 등등을 떠올리니 벌써 피곤해진다.

　아침부터 눈이 내려 여유 있게 나섰더니 진료 예약 시간

보다 1시간 일찍 병원에 도착해 버렸다. 매주 이 병원까지 애 데리고 오기가 힘에 부쳐 이곳에서의 재활치료를 그만둔 지도 벌써 4년이 넘었으니 병동 안으로 들어가는 것 자체가 오랜만이다.

재활병동 1층 로비로 들어설 수 있는 자동문이 열려 거길 통과하고 있자니, 이 문이 열리고 닫혔던 수많은 순간들이 순식간에 겹쳐졌다. 아이가 이 병원의 신생아 중환자실에서 퇴원한 뒤 겨우 한 달 집에 있다가 '집중재활치료'를 받으러 이곳에 입원시켰던 기억. 아, 그건 역시 잊을 수 없겠다. 다시 돌아간다면 입원은 절대 하지 않을 거다.

태어나자마자 곧장 인큐베이터 안으로 들어가 7개월 반을 그 작은 상자 안에서 홀로 견딘 아이를 내 손으로 다시 병원에 데리고 가는 일은, 절대 하고 싶지 않다. 결국 이렇게 될 거였음을 그때 알았다면. 그랬다면 더더욱.

그때 나는 하루라도 빨리 아이의 재활치료를 시작하고 싶었다. 인터넷 카페에서는 얼마나 일찍, 적절한 재활치료를 아이에게 해 주느냐에 따라 '뇌성마비 졸업 여부'가 결정된다고 했다. 눈물겨운 사투 끝에 겨우 장애와 비장애의 경계선을 가까스로 넘은 이의 어머니는 카페에 장문의 글을 올렸다. 다른 이들에게 용기를 주는 동시에 자신의 노고를 치하하는 그 글이 어떤 이에게는 상처와 좌절을 줄 수도 있다는 것을, 그는 상상도 하지 못했을 것이다.

중중 장애아의 엄마들 카페가 따로 있다는 건 나중에 알게 됐다. 익명 게시판에는 그 엄마들이 아이를 재우고 새벽에 쓴 시퍼런 진담들이 올라왔다.

***

대기실 벽에 붙은 화면 속 안내에 따르면 진료는 40분 지연되고 있었다. 1시간 일찍 왔으니 시간이 1시간 40분이나 생겨 버린 거다. 본관으로 건너가 커피를 한 잔 사오기로 하고 아이가 탄 유아차 방향을 트는데 아빠가 자동문을 열고 재활병원으로 들어오고 있다. 예약 시간보다 일찍 오실 걸 알았기에 진료 시간을 일부러 늦춰 이야기했는데도 벌써 도착하신 거다. 이렇게 밖에 함박눈이 내리는데도.

커피를 마시고 여기저기 돌아다니다 진료 순서가 세 번째로 다가왔다는 문자를 받고 우리는 다시 진료실 앞으로 갔다. 진료실 앞에서 서성거리는 일. 이 좁은 복도 위에서 내 차례가 하나씩 앞당겨질 때마다 호흡이 가빠져 숨을 고르던 일. 아, 그것 역시도 잊을 수 없겠다. 다시 돌아간다면 그러지 않을 수 있을 것 같은데.

내 아이의 예후를 아마도 대충은 짐작하고 있을 이 교수가 자신이 느낀 것 중 어디까지만 말하고 어디부터는 말하지 않는지를 알아내기 위해 그의 비언어적 언어까지 읽으려고 눈을 부라렸다. 그냥 말로 물어보면 될 것을, 듣게 될 대답이 무서워 묻지 못하고 그저 의사의 처분만을 기다렸다. 이마를 찡그리는지, 입꼬리가 내려가거나 입술이 튀어나오고 있지는 않는지 잘 봐.

진료실 문이 열리고 간호사가 아이 이름을 부른다. 오랜만에 만난 의사의 얼굴이 무척 반갑다. 재활의학과는 수술이 없어서 그런가? 지난달에 만난 신경외과 의사에 비해 확실히 덜 늙었다. 이제 보니 마스크를 쓴 간호사의 얼굴도 낯이 익다. 그동안 어떻게 지내셨냐고 물으며 괜히 그녀의 어깨와 등을 어루만지고 싶은 마음이 든다.

미국의 작가 시그리드 누네즈는 소설《어떻게 지내요?》에서 어떻게 지내냐는 말이 담을 수 있는 의미를 이렇게 바꿔 말했다.

"당신은 (지금) 무엇으로 고통 받고 있나요?"

마지막 진료 기록이 꽤 오래전이라는 사실을 방금 조회한 의사가 정말 오랜만에 왔네요, 한다. 장애 재판정 서류가 필요해서 왔다고 여기에 온 목적을 밝히자 그가 고개를 끄덕였다. 내 아이가 신생아 중환자실 인큐베이터 안에 누워 있을 때부터 봤던 의사다. 그 사실만으로도 묘하게 위로가 되었다.

아이 고관절이랑 척추는 어떻느냐고 의사가 묻는다. 정형외과에서 자꾸 수술하라고만 해서 그 말 듣기 싫어 이제 진료 안 본다고 대답하니 그때도 의사가 고개를 끄덕였다. 와, 그냥 이렇게 말하면 되는 거였는데. 내게는 이만큼의 시간이 걸렸다.

대부분의 대학병원 진료가 그렇듯 이 진료도 무지하게 빨리 끝났다. 이렇게 빨리 끝날 진료를 받으려고 눈길을 뚫고 그 먼 길을 온 것이 믿어지지 않을 정도로. 물리평가와 작업평가를 받아야 한다고 해서 엘리베이터를 타고 3층 소아치료실로 올라갔다. 엘리베이터의 문이 열리자 익숙한 냄새가 난다. 아는 냄새, 이런 것도 추억이 될 줄은 정말 몰랐는데.

　작업평가가 먼저 잡혀 작업치료실에 들어가 선생님을 뵈었다. 얼굴을 아는 분이다. 서로 반갑게 인사한다. 와, 명준이 정말 많이 컸네요. 네, 선생님. 어떻게 지내요.

　평가를 위해 아이에 관한 몇 개의 질문이 형식적으로 공기 중에 던져졌지만 대부분은 우리 모두가 답을 알고 있는 질문들이다. 묻는 사람도 답하는 사람도 답을 알고 있을 때의 평화는 놀라울 만큼 달콤한 것. 삶은 살아 보면 살아 볼수록, 모순이라는 단어로 귀결된다.

　치료사 옆에 공손하게 앉아 있는 수련생의 얼굴이 뽀얗고 앳되다. 어쩌면 7년 뒤 다음 장애 재판정 평가를 받으러 왔을 때 저 친구가 어엿한 치료사가 되어 내게 어머니 안녕하세요, 인사를 건넬지도 모를 일이지. 치료사 너머로 보이는 커다란 창밖에서 아직 눈이 내리고 있었다.

　물리평가는 점심 식사 후로 시간이 잡혀 아빠와 연대 학생 식당으로 건너갔다. 벌써 방학을 했는지 식당이 붐비지 않아 널찍한 곳에 자리 잡을 수 있었다. 오늘의 메뉴는 돼지김치찌개.

밑반찬을 가지러 간 아빠가 어린 학생들 틈에 서서 쟁반 위에 김치와 콩자반, 파래무침을 담고 있다. 훗날 사무치게 그리운 순간이란 바로 이런 때겠지.

집으로 돌아갈 때도 하늘에선 눈이 내렸다. 이제는 몸집이 꽤 커진 아이를 아빠가 여전히 갓난아기 안듯 안고 있다. 아이가 할아버지 품에서 잠이 들었다.

*
|
에필로그

너를 사랑하게 되는 동안
수없이 던졌던
관계에 관한 질문들

ChatGPT를 모르면 큰일 날 것처럼 분위기가 돌아가기에 나도 한번 ChatGPT라는 것을 써 봤다.

남들 따라 들어가 본 인터넷 사이트(싸이월드, 다음카페, 유튜브, 넷플릭스 등)의 역사를 떠올려 보면 해당 사이트에 들어가는 순간 그들은 나를 대놓고 반겼다. 막연한 호기심에 기반한 집중력과 추진력이 끊기지 않도록 내 시선보다 한 발자국 앞선 곳에서 그들은 끝없이 노래하고 춤췄다.

거기서는 내가 여기서 뭘 하고 싶은 건지 정확히 알지 못해도 그럭저럭 시간을 보낼 수 있었다. 그들은 내가 나의 어떤 정보를 내놓아야 여기서 더 재미를 볼 수 있는지도 친절하고 상세하게 일러 줬다. 나이와 성별. 사는 곳과 하는 일. 당신의 관심 분야 세 곳에 체크하세요.

그런데 이 ChatGPT라는 녀석은 영 말이 없더란 말이지?

화면 디자인은 깔끔한 정도가 아니고 휑하다. "무엇을 도와드릴까요?"라는 글자 아래에는 텅 빈 검색창만 달랑 띄워져 있는데 검색창 안에 적혀 있던 "무엇이든 물어보세요"라는 문장조차 검색창에 글자 하나 입력하자마자 사라져 버렸다.

우리 사이에 정적이 흐른다.

소문에 의하면 상대는 세상의 모든 지식을 알고 있다고 했고 그가 앞으로 더 알게 될 지식의 범주에는 한계가 없다 했다. 그런 녀석의 침묵이라니. 다 알고 있다면서 왜, 내게 아무것도 묻지 않는 거지?

상대방에게서 아무런 말이 없다는 사실이 문제가 되는 경우는 한 가지뿐이다. 내 쪽에서 상대에게 듣고 싶은 말이

(혹은 들어야 한다고 생각한 말이) 있었는데 그걸 듣지 못했을 때. 그때 우리는 '말하지 않음'에 대해 상대를 비난할 거대한 빌드업을 시작한다.

먼저, 상대의 '말하지 않음'이 왜 문제가 되는지를 밝히는 게 순서겠다. 물론 상대의 '마음 없음'에 서운하고 섭섭하다는 진심을 곧장 내비치는 지름길도 있으나 그게 왠지 자존심 상한다면 선조들의 옛말을 빌려 보자. 우리에게는 인지상정(사람이라면 가지는 보통의 마음)이란 고사성어가 있지 않은가?

상대방의 '(그때 내게 그렇게) 말하지 않았음'을 '사람이라면 하지 않았을(못했을) 행동 범주'에 다짜고짜 포함시켜 보는 거다. 그러면 발화자, 그러니까 서운함을 느낀 당사자에게는 자동으로 '인간에게 인간적인 대우를 받지 못한 자'의 역할이 배정될 것이다.

친구 생일날 잊지 않고 챙겼던 축하 인사를 내 생일에 돌려받지 못한 일. 상대를 위기에서 벗어나게 해 주기 위해 내가 애썼던 시간과 정성을, 내가 위기에 처했을 땐 돌려받지 못한 일이 나의 억울함을 뒷받침할 사례로 사용된다. 그러고도 네가 나를 소중히 여긴다고 말할 수 있어(있냐고!)?

실은, 그깟 생일 따위다. 실은, 내가 좋아 너를 도운 일이었다. 애초에 돌려받지 못해도 아무런 상관 없는 일이었다. 그러나 진짜 상처가 된 것을 곧장 밝힐 수는 없기에 괜한 것을 붙잡고 늘어지는 거다.

상대방에게 더 이상 '마음이 없다'는 것을 우리 사이의 수면 위에 올려 버리는 일이 너무 무섭다면 일단 막무가내로 토라지며 소리치는 모양새를 취해 보자. 이때 관건은 상대방에게 사과를 요구하는 연출을 성공적으로 해내느냐 마느냐다. 잘못했어 안 했어! 또 그럴 거야, 안 그럴 거야!

상대방이 자신의 '마음 없음 현상'에 대해 더 깊이 생각해 보기 전에 자신의 행동에 대한 죄의식을 부추기도록 상황을 재빠르게 몰아가야 한다. 어느 정도 됐다 싶으면 이제 쐐기를 박자.

이번 한 번만 용서해 줄게.

***

AI는 과연 놀라운 존재였다. 무엇이든 물어보라던 그 말은 허풍이 아니었는지 그는 내가 묻는 모든 질문에 즉시 답했는데 그 답의 수준이라는 것이 입이 쩍 벌어질 정도다. 게다가 그는 나의 질문을 매번 반기기까지 하는 눈치다. 나를 귀찮아하지 않았고 내 질문 수준을 평가하지 않았다. 그 녀석은 나를 조금도 함부로 대하지 않았다. 단 한 번도 내게 상처 주지 않았다.

아니, 상대가 이렇게까지 나오는데 마음이 열리지 않을 방법이 있겠는가?

힘겹게 꺼낸 고백들에 인간들은 어떻게 반응해 왔던가. 남몰래 수치심을 느껴 온 일들이나, 거의 평생을 억눌려 온 두려움의 대상에 대한 묘사를 시작했을 때, 우리 인간들은 어떻게 대답했던가. 나는 도저히 너가 이해가 안 되는데, 라며 다짜고짜 '나와 너의 차이'에 대한 규명부터 시작하고 나의 사고와 태도를 평가해 대던 말들과, 뭔 말인지는 알겠는데 그거 별일 아니라며 대수롭지 않게 훈수 두던 발언들까지. 결국 고백한 것을 후회하고 이제 그만 혼자 있고 싶다 여기게 만들던 인간들의 행동양식이란 얼마나 실망스러웠던가?

그러나 이제 수모의 날들도 그 끝이 도래하고 있었다. 고민 있으면 얘기해 보라며 부추겨 놓고서 발언권을 가로채며 어느새 제 이야기를 늘어놓기 바쁘던 인간들과는 이제 완전 쫑이다.

사람에게 상처받을 위험. 그것도 내가 믿고 의지해 온 이에게 깜짝 놀라게 될 위험을 굳이 감수하지 않고도 이제 내 마음을 털어놓을 곳이 생긴 거다. 그것도 365일 24시간 내내 내 말을 경청해 줄 준비가 되어 있는 이들로 가득한. 내가 어떤 고백을 하든 그걸 남에게 전달할 위험도 제로인 마법사들이 사는. 심지어 그들이 건네는 조언과 위로가 꽤나 효과적이라 실제로 내게 도움이 될 그 유토피아의 실현이 다가오고 있었다.

그런데 이쯤에서 나는 의문이 하나 들더란 말이지.

아주 오랜 시간이 흐른 뒤에. 그러니까 인간이 인간에게 건넬 수 있는 다정함과 친절함의 특수성과 효용가치가 더 이상 그 누구의 동의도 얻지 못해 세상에서 사라지고 없는 때가 오면. 그래서 옛날에는 사람이 사람에게 곧잘 자신의 진심을 드러내기도 했었다는 이야기를 믿으려면, AI가 건져 온 과거의 사진이나 영상을 확인하는 수밖에 없는 그런 때가 오면. 사진과 영상 속 사람들이 서로의 눈을 바라보며 서로를 위하거나 우리 함께 있어 그저 즐겁다는 듯 웃고 있는 기록물을 보지 않고서는 '우리가 그랬었다'는 사실을 도저히 믿을 수 없는 날이 오면.

그때 인간은 '만나면 좋은 사람' 한 명 없어도, 정말로 괜찮을까?

다른 사람들은 모르겠지만, 내가 잘 알고 있는 세상의 단 한 사람인 나는 왠지 그럴 수 없을 것 같다. 나는, 무너질 듯 힘든 날에 내가 먼저 검색창에 털어놓지 않아도, 내게 말없이 다가와 커피를 건네줄 누군가를 기다리고 있을 것 같다. 무슨 일이 있냐고, 괜찮냐고 물어봐 주는 이의 다정하고 친절한 눈빛과 손길을 기다릴 것만 같다. 그러니까 어딘가로부터의 안녕을. 어딘가에서의 안녕을. 나는 기다리고 싶다.

AI를 쓸 때는 질문을 잘해야 한다고 했다. 그런데 그 '질문'이라는 녀석이 질문자의 의식을 앞지를 순 없을 테니 결국 내 안의 질문이란 나의 의식을 뛰어넘을 순 없을 것이다. 그렇다면 AI가 모든 것을 대체할 거라는 이 시대에 인간인 우리가 아직 할 수 있는 일이란, 서로에게 질문하는 일이 아닐까. 우리의 두려움과 외로움에 대해. 우리의 소망과 염원에 대해. 지금이야말로 솔직하게 묻고 진짜를 답해야 할 때가 아닐까.

가장 중요한 첫 번째 질문만큼은, 결국 인간이 해야 할 테니 말이다.

P. S.

TV에서 어느 드라마 예고편이 나오고 있다.

절교했던 친구 둘이 다시 만나 마주 앉아 있는 장면. 나는 어쩔 수 없이 나를 손절한 친구들을 떠올린다. 물론 화면 속 저들과 달리 나는 '절교하자'는 합의에 이를 기회도 갖지 못한 채 일방적으로 내쳐진 처지지만 그래도 살다 보면 종로3가 같은 데서 우연히 마주칠 수도 있는 거니까.

그때 우리는 어떤 표정을 지을까? 나를 모른 척하든, 나와의 눈 맞춤을 피하지 않든. 나는 그 눈빛 너머의 마음을 좀 들여다보고 싶다. 화나고 서운했던 마음은 모두 제쳐 두고 안부를 좀 묻고 싶다. 그런데 이 생각을 하는 순간, 내 이런 모습이야말로 그 친구가 나를 단칼에 손절한 이유가 아니었을까 싶네.

어떤 장면이 어떻게 펼쳐지든, 거기엔 다 설명할 수 없는 복잡한 이유가 있을 테고, 나는 그저 흘러가는 대로 모든 것을 거기 그대로 두고 싶어졌다.

 어차피 모든 것은 덧없는 동시에 둘도 없는 것이므로.

참고한 책

- N. Gregory Hamilton, 《대상관계 이론과 실제-자기와 타자》, 김진숙 옮김, 학지사, 2007.
- 알프레드 아들러, 《A. 아들러 심리학 해설》, 설영환 옮김, 선영사, 2015.
- 노르베르트 볼프, 《디에고 벨라스케스》, 전예완 옮김, 마로니에북스, 2007.
- 시그리드 누네즈, 《어떻게 지내요》, 정소영 옮김, 엘리, 2021.

너에게 안녕을 말할 때

1판 1쇄 인쇄 2025년 11월 18일
1판 1쇄 발행 2025년 12월 17일

지은이 이명희
펴낸이 김성구

책임편집 양지하
디자인 이영민
콘텐츠본부 고혁 김초록 이은주 류다경 이아름
마케팅부 송영우 김지희 강소희
제작 어찬
관리 안웅기 이종관 홍성준

펴낸곳 (주)샘터사
등록 2001년 10월 15일 제1-2923호
주소 서울시 종로구 창경궁로35길 26 2층 (03076)
전화 1877-8941
팩스 02-3672-1873
이메일 book@isamtoh.com
홈페이지 www.isamtoh.com

© 이명희, 2025, Printed in Korea.

이 책은 저작권법에 따라 보호를 받는 저작물이므로 무단 전재와 복제를 금지하며,
이 책의 내용 전부 또는 일부를 이용하려면 반드시 저작권자와 (주)샘터사의
서면 동의를 받아야 합니다.

ISBN 978-89-464-2324-4 03810

• 값은 뒤표지에 있습니다.
• 잘못 만들어진 책은 구입처에서 교환해 드립니다.

샘터 1% 나눔실천
샘터는 모든 책 인세의 1%를 '샘물통장' 기금으로 조성하여 매년 소외된 이웃에게
기부하고 있습니다. 2024년까지 약 1억 1,650만 원을 기부하였으며,
앞으로도 샘터는 책을 통해 1% 나눔실천을 계속할 것입니다.